财富世界行 系列丛书

U05B2026

Good Tidings Of Money

金钱的福音

墨西哥财富世界之旅

Rich World Tour Of Mexico

李光辉 / 编著

中国出版集团　现代出版社

图书在版编目(CIP)数据

金钱的福音 / 李光辉编著. —北京：现代出版社，2016.7（2021.8重印）

ISBN 978-7-5143-5227-6

Ⅰ.①金… Ⅱ.①李… Ⅲ.①经济概况－墨西哥
Ⅳ.①F173.1

中国版本图书馆CIP数据核字(2016)第160717号

编　　著	李光辉
责任编辑	王敬一
出版发行	现代出版社
通讯地址	北京市安定门外安华里504号
邮政编码	100011
电　　话	010-64267325 64245264（传真）
网　　址	www.1980xd.com
电子邮箱	xiandai@cnpitc.com.cn
印　　刷	北京兴星伟业印刷有限公司
开　　本	700mm×1000mm 1/16
印　　张	9.5
版　　次	2016年12月第1版　2021年8月第3次印刷
书　　号	ISBN 978-7-5143-5227-6
定　　价	29.80元

前言
QIANYAN

　　多年以来，我们就一直想策划关于G20的图书，经过艰苦努力，如今这个想法终于变成了现实。毋庸置疑，G20已经成为世界上最具影响力的经济论坛之一，而成员国则被视为世界经济界"脑力激荡"、"激发新思维"与财富的代名词。

　　我常常会在心里问自己：到底什么是财富？什么是经济？有的人可能会说，钱啊！这种说法从某种意义上来说有一定的道理。在这里我要说，只要是具有价值的东西都可以称之为财富，包括自然财富、物质财富、精神财富，等等。从经济学上来看，财富是指物品按价值计算的富裕程度，或对这些物品的控制和处理的状况。财富的概念为所有具有货币价值、交换价值或经济效用的财产或资源，包括货币、不动产、所有权。在许多国家，财富还包括对基础服务的享受，如医疗卫生以及对农作物和家畜的拥有权。财富相当于衡量一个人或团体的物质资产。

　　需要说明的是，世上没有绝对的公平，只有相对的强弱。有的人一出生就有豪车豪宅，而且是庞大家业的继承人；有的人一出生就只能是穷乡僻壤受寒冷受饥饿的孩子。自己的人生只有改变"权力、地位、财富"中的一项，才可以获得优势的生存机会。那么，财富又被

赋予了新的内涵:要创造财富,增加财富,维持财富,保护财富,享受财富;要提高自己的生活质量。

二十国集团是一个国际经济合作论坛,它的宗旨是为推动发达国家和新兴市场国家之间就实质性问题进行讨论和研究,以寻求合作并促进国际金融稳定和经济持续发展。二十国集团由美国、英国、日本、法国、德国、加拿大、意大利、俄罗斯、澳大利亚、中国、巴西、阿根廷、墨西哥、韩国、印度尼西亚、印度、沙特阿拉伯、南非、土耳其共19个国家以及欧盟组成。这些国家的国民生产总值约占全世界的85%,人口则将近世界总人口的2/3。本选题立足二十国集团,希望读者通过阅读能够全面了解这20个经济体,同时,能够对财富有一个全面而清醒的认识。

即使在基本写作思路确定后,对本书的编写还是有些许的担忧,但是工作必须做下去,既然已经开始,我们绝不会半途而废。在编写过程中,书稿大致从以下几个方面入手:

1. 立足G20成员国的经济、财富,阐述该国的经济概况、经济地理、经济历史、财富现状、财富人物以及财富未来的发展战略等。

2. 本书稿为面对青少年的普及型读物,所以在编写过程中尽量注重知识性、趣味性,力求做到浅显易懂。

3. 本书插入了一些必要的图片,对本书的内容进行了恰到好处的补充,以更好地促进读者的阅读。

尽管我们付出了诸多的辛苦,然而由于时间紧迫和能力所限,书稿错讹之处在所难免,敬请各方面的专家学者和广大读者批评指正,我们将不胜感激!

编者

2012年11月

目录 CONTENTS

开　篇　二十国集团是怎么回事

　　二十国集团,由八国集团(美国、日本、德国、法国、英国、意大利、加拿大、俄罗斯)和 11 个重要新兴工业国家(中国、阿根廷、澳大利亚、巴西、印度、印度尼西亚、墨西哥、沙特阿拉伯、南非、韩国和土耳其)以及欧盟组成。

二十国集团简介

　　二十国集团，由八国集团（美国、日本、德国、法国、英国、意大利、加拿大、俄罗斯）和 11 个重要新兴工业国家（中国、阿根廷、澳大利亚、巴西、印度、印度尼西亚、墨西哥、沙特阿拉伯、南非、韩国和土耳其）以及欧盟组成。按照惯例，国际货币基金组织与世界银行列席该组织的会议。二十国集团的 GDP 总量约占世界的 85%，人口约为 40 亿。中国经济网专门开设了"G20 财经要闻精粹"专栏，每日报道 G20 各国财经要闻。

> **【走近二十国集团】**
>
> 　　二十国集团，又称 G20，它是一个国际经济合作论坛，于 1999 年 12 月 16 日在德国柏林成立，属于布雷顿森林体系框架内非正式对话的一种机制，由原八国集团以及其余 12 个重要经济体组成。

二十国集团的历史

二十国集团的建立，最初是由美国等8个工业化国家的财政部长于1999年6月在德国科隆提出的，目的是防止类似亚洲金融风暴的重演，让有关国家就国际经济、货币政策举行非正式对话，以利于国际金融和货币体系的稳定。二十国集团会议当时只是由各国财长或各国中央银行行长参加，自2008年由美国引发的全球金融危机使得金融体系成为全球的焦点，开始举行二十国集团首脑会议，扩大各个国家的发言权，它取代了之前的二十国集团财长会议。

二十国集团的成员

二十国集团的成员包括：八国集团成员国美国、日本、德国、法国、英国、意大利、加拿大、俄罗斯，作为一个实体的欧盟和澳大利亚、中国以及具有广泛代表性的发展中国家南非、阿根廷、巴西、印度、印度尼西亚、墨西哥、沙特阿拉伯、韩国和土耳其。这些国家的国民生产总值约占全世界的85%，人口则将近世界总人口的2/3。二十国集团成员涵盖面广，代表性强，该集团的GDP占全球经济的90%，贸易额占全球的80%，因此，它已取代G8成为全球经济合作的主要论坛。

【走近二十国集团】

二十国集团是布雷顿森林体系框架内非正式对话的一种机制，旨在推动国际金融体制改革，为有关实质问题的讨论和协商奠定广泛基础，以寻求合作并促进世界经济的稳定和持续增长。

二十国集团的主要活动

二十国集团自成立至今,其主要活动为"财政部长及中央银行行长会议",每年举行一次。二十国集团没有常设的秘书处和工作人员。因此,由当年主席国设立临时秘书处来协调集团工作和组织会议。

会议主要讨论正式建立二十国集团会议机制以及如何避免经济危机的爆发等问题。与会代表不仅将就各国如何制止经济危机进行讨论,也将就国际社会如何在防止经济危机方面发挥作用等问题交换意见。

1999 年 12 月 15 日至 16 日,第一次会议暨成立大会,德国柏林;

2000 年 10 月 24 日至 25 日,第二次会议,加拿大蒙特利尔;

2001 年 11 月 16 日至 18 日,第三次会议,加拿大渥太华;

2002 年 11 月 22 日至 23 日,第四次会议,印度新德里;

2003 年 10 月 26 日至 27 日,第五次会议,墨西哥莫雷利亚市;

2004 年 11 月 20 日至 21 日,第六次会议,德国柏林;

2005 年 10 月 15 日至 16 日,第七次会议,中国北京;

2006 年 11 月 18 日至 19 日,第八次会议,澳大利亚墨尔本;

2007 年 11 月 17 日至 18 日,第九次会议,南非开普敦;

2008 年 11 月 8 日至 9 日,第十次会议,美国华盛顿;

2009 年 4 月 1 日至 2 日,第十一次会议,英国伦敦;

2009 年 9 月 24 日至 25 日,第十二次会议,美国匹兹堡;

2010 年 6 月 27 日至 28 日,第十三次会议,加拿大多伦多;

2010 年 11 月 11 日至 12 日,第十四次会议,韩国首尔;

2011 年 2 月 18 日至 19 日,第十五次会议,法国巴黎;

2011 年 11 月 3 日至 4 日,第十六次会议,法国戛纳;

2012 年 6 月 17 日至 19 日,第十七次会议,墨西哥洛斯卡沃斯。

二十国集团的相关报道

1.加拿大：防止债务危机恶化

作为峰会主席国,加拿大主张:各成员国应就未来5年将各自预算赤字至少减少50%达成一项协议,以防止主权债务危机进一步恶化;会议应发出明确信号,收紧刺激性支出,即当各国刺激计划到期后,将致力于重整财政,防止通货膨胀。

加拿大还认为,应建立有效的金融调节国际机制,进一步提高银行资本充足率,以防止出现新的金融机构倒闭。不应由纳税人承担拯救金融机构的责任;加强世界银行、国际货币基金组织和多边开发银行的作用,支持国际货币基金组织配额改革,反对开征银行税,认为设立紧急资金是更好的选择。

此外,加拿大还表示,各成员国应承诺反对贸易保护主义,促进国际贸易和投资进一步自由化,确保经济复苏;增加对非洲的发展援助。

2.美国：巩固经济复苏势头

美国是世界头号经济强国,也是本轮金融危机的发源地。根据美国官

方透露的信息,美国政府对此次峰会的主要立场包括:巩固经济复苏势头;整顿财政政策;加强金融监管,确立全球通用的金融监管框架。美国希望与各国探讨国际金融机构的治理改革等问题。

美国财政部官员说,中国日前宣布进一步增强人民币汇率弹性,其时机对二十国集团峰会"极有建设性"。欧洲宣布将公布对银行业进行压力测试的结果,这将有助于恢复市场信心。

【走近二十国集团】

二十国集团的宗旨是为推动已工业化的发达国家和新兴市场国家之间就实质性问题进行开放及有建设性的讨论和研究,以寻求合作并促进国际金融稳定和经济的持续增长。

美方对这两项宣布感到鼓舞。

3.巴西:鼓励经济增长政策

根据从巴西外交部得到的消息,巴西将在二十国集团峰会上提出要求各国继续鼓励经济增长政策、加快金融市场调节机制建设的主张。

巴西认为,当年4月结束的世界银行改革"令人满意",但在今后几年中还应在各国投票权上实现进一步平等。此外,峰会应从政治层面强调国际货币基金组织改革。

巴西政府主张二十国集团应发挥更大作用,因为当今世界,二十国集团已显示出了高效讨论各种重要议题的论坛作用。同时,二十国集团也需从主要讨论金融危机拓展到其他问题,如发展、能源和石油政策等。

4.俄罗斯:主张二十国集团机制化

俄罗斯曾经在峰会上就二十国集团机制化、推动国际审计体系改革、建立国际环保基金等具体问题提出一系列倡议。

梅德韦杰夫曾经在会见巴西总统卢拉后说,现在需要努力将二十国集团打造成一个常设机构,以便对国际经济关系产生实际影响。

梅德韦杰夫还在接见美国知名风险投资公司负责人时表示,原有的国际审计体系已经被破坏,俄罗斯目前正在制定改革这一体系的相关建议。他说,二十国集团峰会应对关于审计改革的议题进行讨论。

在防范金融风险方面,俄罗斯可能提出两套方案:一是开征银行税并建立专门的援助基金;另一方案是在发生危机时,国家向银行提供资金支持,但危机过去后,银行不仅要返回资金,还要支付罚款。

5.日本:期望发挥积极作用

日本外务省经济局局长铃木庸一则在记者会上表示,在发生国际金融和经济危机、新兴国家崛起等国际秩序发生变化的形势下,二十国集团是发达国家和新兴国家商讨合作解决全球问题的场所,日本可以继续为解决全球问题发挥积极作用。

【走近二十国集团】

　　铃木庸一说,从支撑世界经济回升、遏制贸易保护主义的观点出发,二十国集团首脑应表明努力实现多哈谈判早日达成协议的决心。

日本期望峰会能深入讨论如何应对全球性问题并达成一些协议,发达国家和新兴国家能够更多地开展合作,共同致力于解决经济、金融等方面的全球性课题。

6.南非:希望从国际贸易中受益

对于二十国集团峰会,南非政府希望在峰会上重申,南非将与其他国家加强贸易进出口联系,以使其在国际贸易交往中受益。对此,南非方面呼吁重建世界贸易经济交往秩序和规则,予以发展中国家新兴经济体以更多的优惠与权利,与其他发展中国家携手重建世界贸易新秩序。

南非经济学家马丁·戴维斯认为,二十国集团峰会本是西方世界的产物,如今以中国、南非、巴西、印度等新兴经济体为代表的发

展中国家需要联合起来，打破国际经济旧秩序，建立更加平衡、公平、长效、利于世界经济全面复兴的新国际经贸秩序。

【走近二十国集团】

在推进国际金融监管改革方面，欧盟将力主就征收银行税达成协议。除此之外，欧盟还提出要在峰会上探讨征收全球金融交易税的可能性。

7. 欧盟：实施退出策略需加强协调

对于欧盟来说，在实施退出策略上加强国际协调和继续推进国际金融监管改革，将是其在峰会上的两大核心主张。

欧盟曾经掀起了一股财政紧缩浪潮，但在如何巩固财政和维护经济复苏之间求得平衡的问题上与美国产生分歧。在退出问题上美欧如何协调将是多伦多峰会的一大看点。

8. 印度：征银行税不适合印度

印度政府官员表示，在峰会上，新兴经济国家与发达国家在如何促进世界经济复苏的问题上将产生不同意见。

各国应对金融危机的情况不同，经济增长形势不同，西方国家必

须认识到这一点。

印度官员指出,欧盟目前被一些成员国的财政赤字和债务危机所困,法德两国都希望收缩开支。但德国如果采取财政紧缩政策,它可能会陷入双重经济衰退,而且整个欧盟的经济也将随之收缩,这不利于世界经济复苏。

印度官员同时表示,美国政府最近提出要征收银行税和加强对银行的政策限制,西方很可能要求印度等国也采取类似措施,但这并不适合印度,因为印度的金融体系相当健康。

9.中国:谨慎决策防范风险

中国外交部副部长崔天凯曾经在媒体吹风会上说,多伦多峰会是二十国集团峰会机制化后的首次峰会,具有承前启后的重要意义。中方希望有关各方维护二十国集团信誉与效力,巩固该集团国际经济合作主要论坛的地位。

中方在此次峰会上强调,为推动全球经济稳定复苏,各国应保持宏观经济政策的连续性和稳定性;根据各自国情谨慎确定退出战略的时机和方式;在致力于经济增长的同时防范和应对通胀和财政风险;反对贸易和投资保护主义,促进国际贸易和投资健康发展。

中方还指出,为实现全球经济强劲、可持续增长,发达国家应采取有效措施解决自身存在的问题,以减少国际金融市场波动;发展中国家应通过改革和结构调整,以促进经济增长。

集团宗旨

二十国集团属于非正式论坛,旨在促进工业化国家和新兴市场国家

【走近二十国集团】

二十国集团还为处于不同发展阶段的主要国家提供了一个共商当前国际经济问题的平台。同时,二十国集团还致力于建立全球公认的标准,例如在透明的财政政策、反洗钱和反恐怖融资等领域率先建立统一标准。

就国际经济、货币政策和金融体系的重要问题开展富有建设性和开放性的对话,并通过对话,为有关实质问题的讨论和协商奠定广泛基础,以寻求合作并推动国际金融体制的改革,加强国际金融体系架构,促进经济的稳定和持续增长。

2011巴黎G20财长会议

全球瞩目的二十国集团财政部长和央行行长会议于当地时间2011年10月15日在法国巴黎闭幕,此次会议是在全球经济尤其是欧债危机深度演化的背景下召开的,吸引了各方关注。

会上,各成员国财政领袖支持欧洲方面所列出的对抗债务危机的新计划,并呼吁欧洲领导人在23日举行的欧盟峰会上对危机采取坚决行动。

此外,与会各方还通过了一项旨在减少系统性金融机构风险的大银行风险控制全面框架。

在本次财长会上,全球主要经济体对欧洲施压,要求该地区领导人在当月23日的欧盟峰会上"拿出一项全面计划,果断应对当前的挑战"。

呼吁欧元区"尽可能扩大欧洲金融稳定基金(EFSF)的影响,以便解决危机蔓延的问题"。

有海外媒体报道称,欧洲官员正在考虑的危机应对方案包括:将希腊债券减值多达50%,对银行业提供支持并继续让欧洲央行购买债券等。

决策者还保留了国际货币基金组织(IMF)提供更多援助,配合欧洲行动的可能性,但是对于是否需要向IMF提供更多资金则意见不一。

当天的会议还通过了一项旨在减少系统性金融机构风险的新规，包括加强监管、建立跨境合作机制、明确破产救助规程以及大银行需额外增加资本金等。

根据这项新规，具有系统性影响的银行将被要求额外增加 1% 至 2.5% 的资本金。

二十国集团成员同意采取协调一致措施，以应对短期经济复苏脆弱问题，并巩固经济强劲、可持续、平衡增长基础。所有成员都应进一步推进结构改革，提高潜在增长率并扩大就业。

金融峰会

二十国集团金融峰会于 2008 年 11 月 15 日召开，作为参与国家最多、在全球经济金融中作用最大的高峰对话之一，G20 峰会对应对全球金融危机、重建国际金融新秩序作用重大，也因此成为世界的焦点。

金融峰会将达成怎么样的结果？对今后一段时间的全球经济有何推动？对各大经济体遭受的金融风险有怎样的监管和控制？种种问题，都有待回答。

第一，拯救美国经济，防止美国滥发美元

目前美国实体经济已经开始衰退，为了刺激总需求，美联储已经将基准利率降到了 1%，并且不断注资拯救陷入困境的金融机构和大型企业，这些政策都将增加美元发行，从而使美元不断贬值。

美元是世界货币，世界上许多国家都持有巨额的美元资产，美国

【走近二十国集团】

如何拯救美国经济，防止美国滥发美元；要不要改革 IMF，确定国际最后贷款人；必须统一监管标准，规范国际金融机构活动。这里对峰会做出的三大猜想，一定也有助于读者更好地观察二十国集团金融峰会的进一步发展。

滥发货币的行为将会给持有美元资产的国家造成严重损失。因此，金融峰会最迫在眉睫的任务应是防止美国滥发货币，而为了达到这个目的，各国要齐心协力拯救美国经济，这集中体现在购买美国国债上。

截至 2008 年 9 月 30 日，美国联邦政府财政赤字已达到 4548 亿美元，达到了历史最高点，因此，美国财政若要发力，需要世界各国购买美国国债，为美国政府支出融资。因此，G20 的其他成员要步调一致，严禁大量抛售美国国债，只有这样，才能稳住美国经济，自己手中的美元资产才能保值增值。

第二，改革 IMF，确定国际最后贷款人

查尔斯·金德尔伯格在其脍炙人口的《疯狂、惊恐和崩溃：金融危机史》里指出，最后贷款人对解决和预防金融危机扩散至关重要。如果危机发生在一国之内，该国的中央银行可以充当这一角色，但是如果其演变为区域性或全球性金融危机，就需要国际最后贷款人来承担这一角色了。

1944 年成立的国际货币基金组织（IMF）就是为了稳定国际金融秩序而建立的一个国际最后贷款人。但是，IMF 本身实力有限，只能帮助应对规模较小的金融危机，而且一直受美国利益的支配，在援助受灾国的时候，往往附加苛刻的政治条件，限制了受灾国自主调控经济的自主性，往往在解决金融危机的同时导致严重的经济衰退。

> **【走近二十国集团】**
>
> 在国际范围内，既不存在世界政府，也没有任何世界性的银行可以发挥这种功能，但是如果 G20 能够达成一种世界性的协议，共同应对更大规模的危机（例如由美国次贷风暴所引发的金融危机），将成为一种次优选择。

在这次峰会中，G20 其他成员，尤其是新兴经济体将更多地参与到 IMF 改革中来，包括要求更多的份额、在决策中拥有更多的发言权等。但是 IMF 的问题还不止于此。IMF 成立之初主要为了应对贸易赤字所带来的国际收支失衡,但是今天的问题是资本流动成了影响一国国际收支的主要因素,在巨量的资本流动面前,IMF 发挥的"救火"功能十分有限。在这种情况下,应确定规模更大的、协调功能更好的、能应对巨额资本流动冲击的国际最后贷款人。

第三,统一监管标准,规范国际金融机构活动

这次危机的根源之一是美国金融监管过度放松。作为金融全球化的主要推动者,美国对其金融机构和金融市场创新的监管越来越宽松,在这种宽松的环境下,其投资银行、商业银行和对冲基金等金融机构高杠杆运营,在全球其他国家攻城略地,屡屡得手。例如,1992 年的英镑和里拉危机,1997 年的亚洲金融危机,在很大程度上都是对冲基金兴风作浪的结果。由于这些机构在全球运行,可以通过内部交易或者跨国资本交易来逃避世界各国的金融监管,因此,统一监管标准,规范国际金融活动,就成了除美国之外,G20 其他成员的共同心声。美国也想加强金融监管,但是它更清楚要掌握监管

规则制定的主动权。如果放弃主动权，美国在国际金融体系中的霸权地位将会被极大撼动，这是美国金融资本所不愿看到的，而这也恰恰是G20其他成员的金融资本所诉求的。欧盟成员国在这个问题上早早表明了立场，预计在金融峰会上，美国或者置之不理，或者与G20中的欧盟成员国展开一番唇枪舌剑。经济和政治犹如一对孪生兄弟，如影随形。这次金融峰会不光要应对全球经济危机，更关系到美国相对衰落之后的全球利益调整。这个讨价还价的过程不是一次金融峰会就可以解决的，未来更多的峰会将接踵而来。目前，中国是世界上仅次于美国的第二大经济体，拥有全球最多的外汇储备，其他各国都盯住了中国的"钱袋子"，更加关注中国的动向。中国应抓住这次世界经济和政治格局调整的机会，主动发挥大国的作用，参与国际规则的制定，为中国的崛起、为全球金融和经济的长治久安做出自己的贡献。

【走近二十国集团】

二十国集团成员涵盖面广、代表性强，该集团的GDP占全球经济的90%，贸易额占全球的80%，因此已取代G8成为全球经济合作的主要论坛。

第一章　蓬勃发展的工业财富帝国

　　墨西哥工业门类比较齐全,但发展不平衡。制造业在工业中占首要地位。

世界上没有哪个富翁是靠把钱存到银行收取利息而致富的，只有通过时间的积累，才能让自己真正成为财富的拥有者。

让我们来算一笔账，假如你有5000块钱，按照2011年7月开始执行的最新存款利率计算，以定期存款一年3.5％的利率来看，这5000块钱，一年之后，银行将给你175元的利息，你将连本带息得到5175块钱。然而，在2011年通货膨胀率以国家审计局公布的数据6.7％计算，你5000块钱在一年之后的购买力只有4665元，通货膨胀给你带来的损失是335元，除去银行给你的利息补偿175元，你把5000块钱存到银行一年，你的损失是160元。

看了这个例子你是不是会很震惊？没想到自己的钱存着却越来越少，购买力越来越低。想要改变这样的境况其实很简单，你只要好好学习理财，就能扭亏为盈。

第一节　制造业的财富变革

　　墨西哥是较早全面实施进口替代工业政策的发展中国家,建立了规模庞大、体系完整、较为发达的制造业部门,包括钢铁、化工、电子、金属加工、机器制造、食品、纺织、服装、造纸等部门。制造业为经济和社会的发展做出了巨大贡献。20世纪80年代,墨西哥放弃了进口替代工业化的发展模式,转而采取新自由主义的发展模式。在这一发展模式下,墨西哥制造业部门进行了长期的、艰巨的结构调整。结构调整呈现出外向化、客户工业化、与美国经济一体化和生产高度集中化等特点;它带来了工业制成品的出口繁荣及部分产业的快速发展,但同时也产生了一些新的结构性问题,对经济和社会发展产生了不利影响。2008年制造业产值4659亿比索。

　　钢铁业　墨西哥是拉美仅次于巴西的第二大钢铁生产国,也是世界20个钢铁大国之一。钢铁业是墨西哥重要工业部门之一,主要是从第二次世界大战以后发展起来的。从1900年建立第一家钢铁公司到第二次世界大战,墨西哥钢的产量十分有限,1939年钢产量仅14万吨。第二次世界

> **【走近墨西哥】**
>
> 　　墨西哥是经济比较发达的发展中国家之一,经济发展水平在拉丁美洲地区居领先地位。1821独立后,墨西哥经济经历了外向型初级产品出口发展模式、出口飞地模式、民族工业的发展、进口替代工业化时期、新自由主义改革下的出口导向模式等几个阶段的发展。

大战期间,国家为推行"进口替代"工业化政策,努力发展本国的重工业,对钢铁工业进行了巨额投资,兴建了大型钢铁企业"墨西哥高炉公司",为钢铁工业的发展打下了基础。战后30多年来,墨西哥的钢铁生产突飞猛进,钢产量由1950年的39万吨猛增到1970年的338万吨,20年间增长了将近8倍。20世纪90年代以来,钢铁工业一直保持着稳定发展的势头。主要是因为政府采取积极的措施促进钢铁工业的现代化发展。2007年钢产量1760万吨,2008年上升到1780万吨。2008年铁产量从2007年的1030万吨增加到1070万吨。

汽车业 墨西哥汽车工业始建于20世纪20年代,但真正创立是在20世纪60年代中期。从20世纪80年代中期开始,墨西哥汽车工业发生了实质性变化。随着经济的开放和改革,政府逐步放宽外资对汽车工业包括对零配件生产的参

与。从外资企业方面来看,为了利用墨西哥廉价的劳动力,降低生产成本,也纷纷将生产企业迁往墨西哥。到80年代末,99%的整车生产、97.6%的发动机生产和71.3%的汽车零配件生产均属于跨国公司。国外市场,特别是美国和加拿大市场对墨西哥汽车工业具有越来越重要的作用,1985年墨西哥汽车的出口额达16亿美元。

> **【走近墨西哥】**
>
> 　　在独立后的前50年里,墨西哥实行外向型初级产品出口发展模式。这种模式有两大支柱:一个是矿业,一个是大庄园制农业。而墨西哥的经济也主要以出口矿产品和农产品为主。矿产品主要有金、银等贵金属和工业化国家所需要的铜、锌、石墨、铅和锑等。农产品以咖啡、蔗糖、棉花、水果、龙舌兰纤维、木材和畜牧等为主。

　　墨西哥政府于1989年颁布了新的《汽车工业法》,该法令自1990年1月15日生效。新的法令将汽车产业划分为两个部分:一个是汽车装配业,以外国资本为主;一个是汽车零配件业,以本国资本为主。法令把汽车装配厂商界定为"从事汽车生产或从事汽车最后装配活动的企业";把汽车零配件生产商界定为"向最后装配企业销售的零配件占其总收入60%以上的企业"。

　　墨西哥政府于1993年12月颁布了新的"外资法",美国的通用公司、福特汽车公司、克莱斯勒公司和德国大众以及日产和本田公司相继在墨美边境和内地建立了汽车生产厂,汽车工业逐渐成了墨西哥经济的支柱产业。1994年墨西哥加入北美自由贸易区,大大促进了汽车工业的发展,汽车工业成为制造业部门发展的主要动力,在墨西哥制造业中所占比重达18%,产值占墨国内生产总值的5%以上,每年提供100多万个就业机会。

　　根据国际机动车辆制造商组织(OICA)的统计,2008年墨西哥是全球第十大汽车生产国。前些年是利用廉价劳动力生产廉价汽车,开放之后墨西哥引入先进的生产线,成为中高档汽车生产国之一,诸如凯迪拉克、林肯和宝来等车型均在墨西哥生产。2006年,墨西哥汽车销量超过130万辆,在拉丁美洲仅次于巴西。2006年汽车的出口额为174.1亿美元,增长28.9%。2007年汽车总产量约为202万辆,比2006年增长了2.5%;出口量达161万辆,同比增长5%。2008年汽车总产量为219.12万辆,同比增长8.5%。

客户工业 即出口加工业,在墨西哥制造业中占有重要地位。

墨西哥客户加工业起始于20世纪60年代中期。1965年5月20日,墨西哥开始实行《边境工业化计划》,其目的是兴办加工厂,增加就业机会,利用当地劳力,组装和加工美国产品。墨财政和公共信贷部与当时的工商部达成协议,批准临时进口机械、设备、零部件和元件,并免纳关税,以鼓励制造业生产新的加工品销往美国

市场。1965年至1968年间,在邻近美国边境地区出现了一些小型客户加工企业。1968年,美国全国广播公司(RCA)决定在墨西哥边境城市华雷斯建彩电变压器厂,占地面积1.2万平方米,大量投资并自己设计建筑厂房,雇用墨方工人1200人。此举在美国一些大企业中引起了连锁反应。美国通用电气、通用仪器等接踵而至,

使墨加工工业出现了新的局面。目前客户工业主要包括如下行业:电子、电脑、机械设备和电器的组装;电器元器件的加工;服装加工;汽车零部件加工和装配;木材制品、家具;鞋类及运动用品;工具、食品及其他制品;服务。

　　最初,客户加工业仅限于在北部边境地区,1972年10月31日,墨西哥政府颁布一项规定,允许内地(除首都联邦区外)所有地区兴办出口加工厂。截至2008年5月,墨西哥客户工业共有2817家工厂,就业人数达到119万人。2008年客户工业出口额占墨西哥出口总额的44.5%,进口额占进口总额的34%。

　　墨西哥政府为促进客户工业的发展,向客户工业企业提供了一系列优惠条件,主要有:企业所需设备、原料及零配件可享受免税临时进口;加工后再出口时,仅对产品的增值部分征税;出口零配件或组装产品无须支付增值税与出口税;产品增值税较低;允许产品上税后在墨西哥国内市场销售;出口加工企业与墨西哥本国企业在法律上享受同等的权利与义务;加工企业使用10名墨方人员允许进1名外籍技术人员。

第二节　建筑业兴盛时代的到来

建筑是"二战"后发展较快的经济部门之一。墨西哥的建筑工程包括工业建筑(厂房、管道、工业设施),交通运输建筑(公路、铁路、桥梁、机场),城市公共建筑(自来水管道、排水设施、地铁、道路等),公用房屋建筑(医院、学校、旅馆、办公楼等),居民住宅,水利工程建筑等。

全国共有建筑承包公司约1万家,大部分企业都加入全国建筑工业协会。在这些企业中,1%的企业集中了约1/3的资本。墨西哥的建筑公司除承包国内的工程以外,还对外承包工程,在拉丁美洲和其他国家进行工程建设。

2008年,墨西哥建筑业产值占国内生产总值的5.8%,就业人数占全国总就业人数的17%。2008年,受国际金融危机的影响,墨西哥国内许多大型基础设施建设被迫停工,由此引发建筑行业整体不景气。2008年建筑业产值503亿美元,同比减少5.1%,其中下降较大的部门是商品房、写字楼、公共设施以及教育用房的建造和施工。

第三节　能源业的创新

墨西哥的主要能源有石油、天然气、煤、铀、水力和地热，尤其是石油和天然气资源丰富。墨西哥能源来源是：石油占69.7%，天然气占19.2%，生物能源为3.7%，水力发电为3.6%，煤为2.2%，核能为1.0%，地热占0.6%。石油和天然气是墨西哥最重要的动力资源，储量十分丰富。

石油和天然气　墨西哥为世界主要产油国之一，2005年墨西哥石油日产量曾达到峰值338万桶，近年来呈逐渐下滑趋势。2008年墨西哥日产石油降至279.9万桶，与2007年的308.3万桶相比，降幅达9.2%。2007年石油产量较2006年下降5.5%，为1.73亿吨，占世界总产量的4.4%，位居世界第六位；天然气产量为462亿立方米，较2006年增长7.9%。主要生产企业为墨西哥国家石油公司(Pemex)，其在世界最大50家石油公司排名中位居第十一位。2007年共有生产油田352个，生产井6280口，海域生产平台215个。墨西哥82.1%的石油产自海域，最大的油田为Cantarell油田，产量约占墨西哥石油产量的48%。2007年墨西哥国家石油公司的石油产量为1.73亿吨，其

【走近墨西哥】

到1910年，墨西哥已成为拉丁美洲最工业化的国家，拥有1.1万公里铁路、63家发电厂、146家近代纺织厂。30多年间，墨西哥出口总值增长了6倍。但同时也付出了高昂的代价：外资控制了国家经济的命脉。包括采矿、石油、电力、铁路和出口农业等主要经济部门都由外资掌控。

中原油产量为1.53亿吨，在原油产量中重油占67.5%，轻油占27.7%，超轻油占4.8%；凝析油产量为0.20亿吨。天然气产量为626.14亿立方米，其中气层气产量占43.1%，伴生气产量占56.9%。

墨西哥为世界第七大石油出口国，是目前世界上非欧佩克成员的三大石油出口国之一，石油出口收入约占其国民收入的1/3，2007年石油出口量为9810万吨，其中原油出口9100万吨，油品出口710万吨，77.6%的石油出口到美国，其次为西班牙(8%)和荷兰(6%)。

墨西哥建立了较为完备的管道运输体系。据墨进出口银行2006年统计数据，墨拥有天然气运输管道22705公里，液化石油气管道1875公里，石油管道8688公里，油—气—水三相管道228公里，成品油运输管道6520公里。

煤炭　2007年墨西哥煤炭产量较2006年增长9.2%，达1188.7万吨，主要的生产企业为Minera Carbonifera Rio Escondido（简称MICARE），MICARE生产的动力煤主要产自科阿韦拉州的纳瓦(Nava)地区的两个露天矿和3个地下矿。

电力　墨西哥的电力部门主要由国家拥有，1992年墨西哥修订了电力法后，目前只有发电领域对民营企业开放。国家电力公司(CFE)在墨西哥电力工业中仍处主导地位，拥有92%的发电容量和全部的输配电系统，还拥有所有地热发电和核电容量。国有中央照明电力公司(LFC)仅拥有2%左右的发电容量，主要用户在墨西哥城。尽管墨西哥在向私有化努力，但其非政府公司仅占不到3%的发电容量。墨西哥联合电网分四部分：北部电网、北下加利福尼亚电网、南下加利福尼亚电网和南部电网。

墨西哥现有两座核电站，每座核电站的装机容量均为680兆瓦(MW)。

据英国BP Statistical Review of World Energy 2007年报道，墨西哥能源消费居世界第十五位，2007年墨西哥一次能源消费量达1.555亿吨油当量，较2006年增长2.7%。在其一次能源消费构成中石油和天然气居首位，分别占57.4%和31.3%，其次为煤占5.9%、核能占1.5%和水能占3.9%。2007年，墨西哥石油消费量8920万吨，较2006年增长2.8%；天然气消费量541亿立方米，较2006年增长5.3%；墨西哥煤炭消费量1531万吨，较2006年增长1.1%。

【走近墨西哥】

在这样一个传统的、落后的、庄园—村社自给自足经济占统治地位的墨西哥国土上，出现了一块块外国人所有、由外国人经营、面向出口、同国内经济部门相割裂的"矿业飞地"、"铁路飞地"和"农业飞地"。在这些飞地内部，经济是同世界经济接轨的，是现代化的，但对整个墨西哥经济并没有产生多少影响。

第四节　矿业的发展

　　矿业是墨西哥最古老的工业部门,早在殖民统治时期(16~19世纪初),墨西哥的采银业就享誉世界。墨西哥不仅拥有丰富的矿产资源,还是世界重要的矿业生产国,多种矿产品产量居世界前列,其中银、铋产量居世界第二位,天青石产量居世界第三位,产量居世界前列的矿产还有:镉、铜、锰、钼、盐、硫和锌矿等。2007年墨西哥矿业从业人员为29.2万人。

矿业政策

　　墨西哥现行的矿业法是1992年颁布的。20世纪90年代以来,墨西哥政府对与矿业有关的法律法规进行了一系列调整,1990年通过了对1975年颁布的矿业法的修改;1992年通过了新的旨在吸引外国投资的矿业法,新颁布的矿业法取消了对选矿厂的优惠,规定的勘查特许权期限由1975年的3年延长到6年,采矿特许权从以前的25年延长到50年,取消了原先在国家矿产保留区进行硫、磷、钾、铁和煤矿勘探的限制,继续减少国家矿产保留区。1996年和2005年4月又进行了两次修订,目前墨西哥矿业对国内投资者和外国公司完全开放,勘查特许权期限由以前的6年延长到50年,并由以前的不能延续修改为可以延续,并包括可拥有加工和选矿的优先权;采矿和勘探租借期最短可为6个月,并可自由转让;该

金钱的福音

矿业法包括勘探、矿业开发和选矿等方面，允许私人拥有勘探、矿业开发100%的所有权，甚至包括以前由政府所有的如硫、磷、钾、铁和煤等矿产品的生产，但油气和放射性原料不适用该法。此外还解除了以前在海岸线、大陆架、边界线和岛屿勘探的限制。这一系列改革对墨西哥的矿业影响重大，矿业投资环境得到改善，使墨西哥的矿业部门极具发展潜力。

【走近墨西哥】

墨西哥的广大农村，经济却是极度恶化，由于土地兼并，占全国人口1%的地主拥有全国2／3的可耕土地；与此同时，大约有500万农民被剥夺了土地，沦为债役农和奴隶；90%的印第安人村庄完全无地可耕。

矿产品贸易

2007年墨西哥非能源矿产品出口94.69亿美元，占墨西哥出口总值的3.5%，其中金属矿产品出口86亿美元，非金属矿产出口8.69亿美元；出口的主要矿产品为铁矿石、银、铜、锌等金属矿产

品,其中铁(包括所有类型)出口居首位,占矿产品出口值的29.0%;其次为银,占矿产品出口值的20.4%;铜出口占矿产品出口值的14.3%;锌出口占矿产品出口值的6.5%。

2007年墨西哥非能源矿产品进口值为76.27亿美元,占墨西哥进口总值的2.9%。其中金属矿产进口额61.19亿美元,非金属矿产进口额15.08亿美元;其中铁(包括所有类型)进口额居首位,为15.43亿美元,铝进口额18.57亿美元,铜进口额9.47亿美元。

墨西哥70%的非能源矿产品主要出口到美国,其次为智利、加拿大、委内瑞拉;46%的非能源矿产品从美国进口。

主要矿产品产量

铜 2007年墨西哥的铜产量为35.55万吨。墨西哥矿业集团为墨西哥最大的铜生产企业,控制全国79%的铜产量,最大的两个生产矿山为位于北部索诺拉州的卡纳内阿和拉卡里达,卡纳内阿精炼铜产量为9.1万吨。

金 2007年墨西哥金产量大幅增长,为47.71吨,增长32.9%。增长主要来自加拿大黄金公司的埃尔绍萨尔(ElSauzal)矿,金产量9.5吨,比2006年增长2.4%,该矿产量占墨西哥金产量的20%。

银 墨西哥为世界第二大产银国,仅次于秘鲁。2007年银产量为3135.43吨,比2006年增长3.5%。位于萨卡特卡斯州的普罗亚尼奥矿为墨西哥最丰富的银矿,为世界第二大银矿,2007年产量为1043吨,占墨西哥银产量的33.3%。

【走近墨西哥】

外资的大举入侵使得墨西哥的资本主义生产关系畸形发展。一方面,外资的大量进入加速了前资本主义经济的解体,促进了城乡商品经济的发展,加快了工业化的步伐;另一方面,国家的经济命脉掌握在外国资本手中,事实上遏制了民族资本主义的发展,保护了农村的封建土地所有制,堵塞了墨西哥向"自由资本主义"发展的道路。

铅和锌　墨西哥是世界主要的铅锌生产国之一。2007年墨西哥铅产量较2006年增长1.6%,为13.71万吨。2007年墨西哥锌产量较2006年下降3.6%,为45.20万吨。墨西哥矿业集团拥有的位于圣路易斯波托西州的查尔卡斯矿为墨西哥最大铅矿山,铅产量为6.4万吨,居全国第一,占墨西哥铅产量的14.2%。

钼　2007年墨西哥钼产量达6491吨,较2006年增长157.7%。钼主要为铜矿的副产品,主要生产矿山位于索诺拉州的拉卡里达铜斑岩铜矿,产量约占墨西哥钼产量的98%。

主要非金属矿产

墨西哥为世界重要的非金属矿产生产国,2007年非金属矿产产值增长8.4%,占墨西哥矿产总产值的7.2%。2007年硅藻土产量增长31.2%,主要生产矿山为位于哈利斯科州萨科阿尔科德托雷斯矿。产量增长的矿产还有:磷增长88%,石膏增长13.9%,高岭

土增长0.9%。

重晶石 2007年墨西哥的重晶石产量下降，产量达18.59万吨，较2006年下降6.9%。主要的生产矿山位于新莱昂州的加莱阿纳矿，重晶石年生产能力达40万吨。

萤石 墨西哥为世界第二大萤石生产国，2007年萤石产量为93.3万吨，较2007年下降0.3%。迈纳拉的拉斯库埃瓦斯矿为墨西哥最大萤石矿，年生产能力为43万吨。

石墨 墨西哥为世界第五大石墨生产国，2007年石墨产量为0.99万吨，较2006年下降16.1%。75%的石墨产自索诺拉州的埃莫西略市。

第五节　理财达人的致富之道

虽然没有买很贵的东西,也没有到很贵的地方去消费,可是钱还是很无奈地往外流。薪水没有涨,物价在不断上涨,80后想要省钱,真是有心无力。其实这种情况下理财也并非难事,只要我们学会用智慧来省钱,就不会成为"白领新穷人"。

1.不要小看100元

由于消费观的不同,很多80后总觉得100元很微不足道,但是对于有些人而言100元却是威力无穷的。如果细细算一下账,每天省下一顿下午茶的钱50元,每个礼拜省下一次去KTV的钱200元,20年后,就有50多万元可以省下来。

2.储蓄未来财富

储蓄,对于80后而言似乎是件难事,其实只要从每个月的工资中先取出一部分"未来基金"存起来,只支配余下的钱,最后再将结余的钱存入"未来基金",就自然而然地做到了储蓄。相反,如果先开销,再存结余的钱,就会在不知不觉中花掉你未来的钱。

【理财密码】

当今社会,80后追求财富的目的已经不仅仅是为了解决衣食住行的生存问题,而是不断地追求更好的生活品质,享受更好的生活。

3.只花必要的钱

80后理财,最关键的就是要分清楚什么是自己"想要"的、什么是自己"必要"的。只要给自己的种种欲望排一个队,然后按照这个排列顺序聪明、理智地花钱,这样就不会乱花钱了。

4.学会管理金钱

理财理的不仅仅是收入,还有支出,支出的每份钱都要有价值、有目的。只有知道了怎么花钱,才会知道怎么留心去创造更多的财富。80后想要创造更多的财富,学会管理金钱是第一步。

第二章　商业和服务业的腾飞

　　商业(包括餐馆、旅馆业)在墨西哥 GDP 中占有较大的比例，约为 30%。在墨西哥商业中，外国资本占有较大势力。墨西哥最大的商业集团为墨西哥沃尔玛集团，为拉丁美洲最大零售连锁商，在墨西哥有 1052 家店(2008 年 5 月止)。沃尔玛集团于 1991 年进入墨西哥市场，最初与墨西哥 CIFRA 公司合作，至 1997 年已取得 CIFRA 公司绝大多数股权。墨西哥沃尔玛集团 2007 年营业额高达 207 亿美元，已成为沃尔玛集团在美国境外规模第二大的事业体，仅次于英国沃尔玛公司。墨西哥其他大的连锁超市有：SO-RIANA 超市，在全国有 462 家店；COMERCIAL MEXICANA 有 187 家店。

　　生活中不时在上演着一夜暴富的传奇，比如中彩票什么的，因此很多人都在幻想，假如有一天我中了500万，我会把一部分钱先存起来，然后慢慢地花，那样就可以长久地不用为一点点钱而担心。可是往往那些中了500万彩票的人，都会花钱如流水，胡乱挥霍，到处摆阔气，哪怕剩下的一点点钱，也会因为不善于管理，很快花掉，最后回到穷困人们的行列当中。

　　其实，穷人与富人的区别是因为他们在理财的方式上不同，所以导致他们在收益上的不同。富人懂得把自己的钱拿去购买那些可以升值的房子、车子等资产，而穷人仅仅是把自己的钱存起来。

第一节　商业的崛起

百货公司方面,利物浦(Liverpool)集团市场占有率达63％,在墨西哥主要城市中拥有68家利物浦百货公司及27家以Fabrica de Francia为名的百货公司,散布于墨西哥主要城市外围或其他次要城市。Grupo Sanborns公司是墨西哥数量最多的连锁百货零售业,创始人是墨西哥首富卡洛斯·斯利姆·赫鲁。目前Grupo Sanborns公司旗下已拥有墨西哥Sears百货公司。GIGANTE是墨西哥国内第三大连锁商场集团,中文译名宏大集团,成立于1927年,主要经营电器、食品、数码电子、汽车音响、家具、洁具等产品。DORIAN公司创建于1959年,现拥有57家连锁店,主营时装和化妆品,是墨西哥第四大连锁百货公司。

便利商店在墨西哥亦如雨后春笋般出现,包含Oxxo (隶属Grupo FEMSA集团)、Extra (隶属Grupo Modelo集团)、7-ELEVEN等,形成土洋品牌激烈竞争的局面。以店铺数量区分,Oxxo共计约达3000家,稳坐市场宝座,Extra约达750家居次,7-ELEVEN约500多家。

第二节　日益兴盛的服务业

服务业不仅是墨西哥产值最高的部门,也是创造就业机会最多的产业,2007年提供全国63%的工作岗位。从事服务业的公司约有13.2万家,占墨公司总数的20%。墨西哥服务业部门主要包括商业、金融业、电信产业、不动产、旅游、保险、广告、传媒等。商业(包括餐馆、旅馆业)在墨西哥GDP中占有较大的比例,约为30%。金融服务、保险和房地产所占比例约为15%。增长速度相对比较平稳,年均增长率保持在3.6%以上。加入《北美自由贸易协定》后的头几年,商业的年均增速超过了10%。

近年来服务业增速高于GDP增速,2007年服务业增速约为

4.9%,高于GDP 3.8%的增速,更高于工业1.8%的增速。2000年墨西哥主要服务部门接受外资为49亿美元,2001年达到新高为208亿美元,之后逐年下降,2005年降为54亿美元,此后略有回升,2007年为72亿美元。墨具有相对竞争优势的服务行业有运输、旅游、电信及金融

服务等。

墨西哥是拉美最大的服务贸易出口国,同时是美国服务贸易第五大进口来源国。美国为墨西哥最大的服务贸易伙伴,墨西哥91%的服务贸易出口目的地为美国。

墨西哥政府近年不断加大对服务贸易的关注,将其作为提高墨竞争力的战略。尽管如此,墨西哥仍为服务净进口国,服务贸易长期逆差。2006年墨西哥服务贸易逆差64.4亿美元,其中出口163.9亿美元,占全国出口额的7.1%,其中旅游出口占74%,其次为运输、保险、金融及电信服务等;同年墨西哥服务贸易进口额228.3亿美元,占全国进口总额的9.7%。

【走近墨西哥】

1925年以后,国内政局趋于稳定,经济开始有了新的发展。1928年卡列斯执政时期,墨西哥加快了土地改革的进程,推动了农村经济的发展。同时,政府还限制外资,保护和鼓励民族工业发展,使以民族资本为主的制造业有了较大的发展,其产值由1902年的1.4亿比索增加到1929年的9亿比索。

第三节　理财达人的致富之道

为了刺激顾客多消费,很多商家纷纷使出各种促销手段来吸引消费者。节假日促销、季节性促销是商家经营的重要模式,从某种意义上说这也能活跃市场,同时还能给消费者带来一定的利益。但对于以下五种促销方式,消费者就要留个心眼儿,防止落入商家设置的陷阱之中。

1.附带赠品

精美的赠品有时确实有益于消费者,但有的消费者为了获得某种赠品而购买商品就显得不够理性。因为,很多时候一些商家靠虚高的赠品价格来欺骗消费者,有的赠品没有实际的使用价值,还有的赠品甚至是"三无"产品。

【理财密码】

从某种角度来说,有了钱,你可以快乐地去享受生活。钱越多,越能快乐地享受生活。我们生存的目的之一是享受生活,赚钱的目的也就是为了更好地享受生活、享受快乐,使得自己的生活过得越来越好。

2.购物返券

返券在使用上有一定的局限性,如使用区域或使用时间上都有限制,而消费者为了花掉手上的返券,不得不花资金再去购买没有多大用的或目前用不上的商品,这样是得不偿失的。

3.打折

很多商家几乎是天天有打折、日日搞促销，而事实上绝大多数都是先提价后打折，抑或是滞销商品、淘汰商品打折。所以，消费者遇到打折的情况，不要被表面的折扣蒙蔽了眼睛，要看是否真的物有所值。

4.抽奖

大部分商家将中奖的概率设置得极小，有的干脆没有大的奖项。即使出现个别大奖，也可能是商家提前安排好的，所以，没有必要因为抽奖而购物。

5.特价商品限量

特价商品总是数量有限，甚至没有，商家采取此方式的目的是吸引众多消费者，制造虚假"人气"。一些超市打出特价商品广告，如鸡蛋半价、色拉油半价等，但消费者在排队购买时，不是只能限量购买，就是所谓"特价商品"已经售完，有的甚至找不到所谓的"特价商品"。

面对商家以上的陷阱，消费者协会提醒广大消费者，无论是在何时何地消费，应始终坚守以下两个原则：

实用消费原则：树立正确的价值观和科学的消费观。始终坚持实用、合理、计划和节约消费，该买的就买，不该买的再便宜也不买。

依法维权原则：树立依法维权意识。在消费过程中，必须索要凭据；并

【理财密码】

出路就是你自己。学习能力、创造力和应对挫败的能力都是你的资产。虽然危机就在眼前，或许你还在处于焦虑的状态下，但是无论怎么变化，你还是你，是自己的最大的财富，好好把握和珍惜这笔财富，让资产不断地提升价值，朝更好的方向发展。

在凭据中如实标明产品名称、价格、数量、规格、型号等重要信息。因为,无论商家使用怎样的促销手段,所售出的商品包括赠品、返券所购商品、抽奖所得商品、打折商品和特价商品,都必须符合"三包"规定,都必须按"三包"规定履行义务。这样消费者在促销过程中权利受到侵害时,就可以拿起法律的武器,维护自己的合法权益。

作为80后的消费者,更应该好好把握上述两个原则,谨防遇到类似的陷阱,在今后的消费过程中做到满意消费、理性消费。

第三章 历史悠久的农牧业

　　墨西哥农业历史悠久。早在公元前 5000 多年，古代印第安人就已经开始种植玉米，因此，墨西哥被称为"玉米的故乡"。农业在国民经济中曾占据十分重要的地位。直到 20 世纪 40 年代初，墨西哥仍是一个以农牧业和矿业生产为主、经济比较落后的国家，农牧业占国内生产总值的 24.3%，农村人口占全国总人口的63.3%。

财富小百科

　　设想如果你的一生都把辛苦省下来的钱存到银行里，你也不怕因为通货膨胀带来的购买力下降，到最后你可能会得到一笔数目不小的财产，但是前提是你必须懂得"享受"清苦的生活。

　　以前的人崇尚节俭，喜欢把钱存起来，放到保险柜里，这样钱既不会多也不会少，那时候人是钱的奴隶。可是如果让钱成为人的奴隶，让钱生钱，让钱代替自己去工作挣钱，而自己则待在家里享受生活该是多么的惬意。想要让钱生钱就必须有很好的理财习惯，从日常生活的点点滴滴开始，锻炼自己的理财能力，在不久的将来你会惊奇地发现你成了让钱为自己工作的高手，不再是那个可怜的守财奴。

第一节　走近墨西哥农牧业

　　20世纪40～60年代，由于政府高度重视，农业取得了高速发展。政府通过大规模公共投资，开发北部和西北部荒漠，修建大型水利灌溉工程和其他现代基础设施，为私人资本开办现代化大农场创造了良好条件。北部和西北部地区现代化农业基地的建立使粮食产量大幅度上升，农产品出口迅速增长。中部和南部传统农业区的广大小农也得益于政府的大量公共贷款和农产品价格补贴，生产有了较大发展。1945年至1965年，农牧业的年平均增长率达到5.5％。农业的高速发展不仅为社会提供了充足的食品和原料，而且为国家工业化积累了必要的资金和外汇，因而成为推动整个国民经济高速增长的重要因素。当时，墨西哥曾被誉为第三世界农业发展的典范。

　　但自20世纪60年代后期起，随着工业化进程的发展，农业部门逐渐被忽视，国家对农业的投资减少。80年代，因受债务危机影响，经济出现严重衰退。政府为渡过危机，实行了紧缩财政、大幅度压缩公共开支的政策，农业因而受到沉重打击。由于国家过分强调工业化，忽视农业发展，1983年至1988年，农业部门的公共投资减少了1／3。农产品

> **【走近墨西哥】**
> 　　1934年至1940年，具有民族主义倾向的卡德纳斯政府进行了比较深入的社会经济改革，在农村大规模地进行了土地改革，并通过大量发放公共贷款、兴修水利，促进农业的发展。

价格过低,农业增长速度明显减慢,年平均增长率仅为1%左右,有的年份为负增长。墨西哥粮食进口逐年增加,又变成粮食净进口国。1989年以来,政府对农业政策做了一定的调整,但成效不大。和其他部门相比,农业产值占GDP的比重呈下降趋势,从20世纪80年代的7%下降到近几年的不到4%。2008年农业产值在GDP中仅占3.8%。

加入北美自由贸易协定后,墨西哥毗邻美国的地理条件和其自身的气候多样性等地缘优势并未发挥出来。与此同时,墨本国农业生产反而受到美国农业高额补贴的较大冲击,墨西哥高附加值农业(墨西哥称为"农工业")发展缓慢,一些有优势的传统农业作物也受到冲击,粮食供应长期不能自给,国内食品消费的对外依赖程度越来越重,目前已达28.9%。

卡尔德龙政府实施了包括恶劣气候紧急预案和农业增值扶持计划在内的全国农业保护计划,以加大对农业生产的扶持力度。2008年,农业产值3193亿比索,增长率为3.2%,成为三大产业中增长率最高的产业。

第二节　种植业的日益发展

全国有可耕地3560万公顷,其中已耕地在2006年为2140万公顷。种植业在农业中占有重要地位,约占农业产值的60%,主要包括粮食作物和经济作物。粮食作物主要有玉米、小麦、菜豆、水稻、大豆、高粱等;经济作物有棉花、咖啡、烟草、甘蔗、剑麻。其中剑麻产量居世界前列。经济作物约占全国播种面积的11%。

玉米　墨西哥是世界主要的玉米生产国和消费国之一。玉米是墨西哥人最主要的食品,其消费量约占粮食消费量的3/4。农村居民主要食用玉米。玉米的种植面积在墨西哥目前是850万公顷,占到农业用地的57%。几乎在全国各地区都种植玉米,主要产地集中在中央高原及太平洋沿岸。瓜那华托、墨西哥、普埃布拉、伊达尔戈4个州的产量约占全国总产量的一半。从业人口达到1250万人,占农业人口的55%。每年的产量在2000万吨左右,还不能满足国内需求。2008年玉米产量为2500万吨,同比增长5.95%。

小麦　主要供应城市居民的需要。种植面积为99万公顷,2008年小麦产量为400万吨,同比增长11.33%。北太平洋沿岸的灌溉区集中了全国2/3产值的小麦种植面积。索诺拉州是全国著名的粮仓,那里的小麦产量约占全国产量的一半。

棉花　墨西哥是最早种植棉花的国家之一,已有几百年种植

【走近墨西哥】

　　1938年，卡德纳斯政府征收17家外国石油公司的资产，实行了石油国有化。同时，通过增加公共投资、建立国营企业来促进民族工业的发展。这些改革措施导致外国直接投资锐减，加速了民族经济发展的进程。

棉花的历史。目前仍是世界主要产棉国之一。种植面积为20万公顷，主要产棉区有拉古纳地区、亚基河谷、墨西卡利和拉巴斯。2008年棉花产量57.5万包，同比下降7.26%。每年需要从美国进口棉花160万包左右。

　　咖啡种植面积为69万公顷，主要集中在恰帕斯、瓦哈卡、韦拉克鲁斯、普埃布拉、格雷罗、伊达尔戈、圣路易斯波托西州。2008年咖啡产量约为450万袋(每袋60公斤)，同比增长7.14%。

　　蔗糖甘蔗种植面积75万公顷，从业人口有200万。2008年生产蔗糖585.2万吨，同比增长3.89%。

第三节　畜牧业的实力

　　畜牧业发达,在国内消费和出口创汇中占有重要地位。全国牧场占地面积7900万公顷,另有季节性牧场1300万公顷,畜牧业的发展潜力很大。主要畜产品为牛肉、猪肉、羊肉、禽肉、牛奶、鸡蛋和蜂蜜,畜产品部分出口。墨西哥是世界主要蜂蜜生产国,年产量达6000万公斤,90％用于出口, 每年此项外汇收入约达7000万美元。

第四节　丰富多样的林业

据联合国粮农组织《2005年全球森林资源评估报告》统计，2005年墨西哥的森林面积为6423.8万公顷，林业用地面积1990.8万公顷，森林覆盖率为33.7％。大部分森林植被属疏林、灌木林地和丛林地，以松树为主的针叶林占森林总面积的91％。公有林占森林总面积的58.8％，其中包括由土著居民团体管理的公有林地和社区林地。

墨西哥的植物种类丰富多样，在热带雨林中，每公顷有60种乔木、100余种非乔木植物。墨现有树种1160种，其中，松科类树种42个，连同变种共62个。主要松树种类有卵果松、劳森松、光叶松、拟北美洲乔松、卷叶松、墨西哥果松、山松、米却肯松、道格拉斯松、灰叶山松、墨西哥白松、杜兰戈松、黑材松、野松和展叶松。此外，墨西哥针叶树种还有冷杉属、柏木属和落羽杉属等。阔叶林占5％，主要树种为麻栎、浆果莓和赤杨等，商业上的重要阔叶树种为美洲椿属、桃花心木属、阔掌叶属、红厚壳属等。

【走近墨西哥】

1934年至1940年，GDP的年均增长率达到4.5％，其中最高年份，1936年达到10.6％。以中小民族资本为主的制造业蓬勃发展。如纺织、食品、制鞋等轻工业部门的企业数量迅速增加。在政府的大力支持下，钢铁、机器制造等重工业部门开始建立。

墨西哥林木蓄积量较多的州排序为杜兰戈州、恰帕斯州、瓦哈卡州、奇瓦瓦州、哈利斯科州、米却肯州，木材生产中心在米却肯州、杜兰戈州、奇瓦瓦州和哈利斯科州。据联合国粮农组织资料，2005年墨西哥木材采伐量为835.1万立方米，其中工业用圆木766.7万立方米，薪炭材68.4万立方米。

目前，墨西哥有1.3亿至1.7亿公顷土地存在不同形式的水土流失现象，盐碱化土地有47万公顷。近年来由于乱砍滥伐，南部热带雨林遭到严重破坏。最近50年里，墨西哥森林消失面积约为4000万公顷。

第五节 渔业是一笔极大的财富

墨西哥全国海岸线长1.1万公里，专属经济区海域300多万平方公里。渔业资源丰富，鱼种较多，目前已鉴别的鱼种有305个，具有经济利用价值的约占60%。主要渔业产区集中在太平洋和加利福尼亚湾，具有发展海洋捕鱼的优越条件。海产品主要有鲍鱼、金枪鱼、蚝、沙丁鱼、大龙虾、对虾、章鱼等，其中对虾和鲍鱼是传统出口产品。海产品85%出口美国，其次是西班牙、日本、韩国和意大利等国。

另外，墨西哥在水产养殖业方面拥有一定的经验，目前水产养殖的主要品种有九种：小金枪鱼、虾、蚝、鲤鱼、鳟鱼、鲈鱼、乔氏卡颏银汉鱼和小龙虾。水产养殖业主要集中在太平洋海区的米却肯和锡那罗等州以及墨西哥湾的韦拉克鲁斯和塔巴斯科州。

第六节　理财达人的致富之道

随着物质生活的不断进步，一些80后认为节俭是穷人的专利，而忽视了节俭本身就是中华民族的传统美德。剩下一些不起眼的小钱，实际上就是在无形之中给自己赚钱，当然省钱、节俭也要讲究一定的技巧，要在不影响生活品质的情况下，用省钱增加自己的储蓄。

1.减少购物次数

不少80后，特别是80后女孩，有很强的购物欲望，其实只要减少购物次数就可以达到省钱的目的。因为逛得多买得多，买得多就花得多，所以要省钱就要尽量减少购物的次数。

2.购物一定要有计划

购物应该根据家中需要，制订出详细、合理的购物计划，甚至要提前将每顿饭的菜单都设计好，并写在账本上，做到心中有数。

3.提前预算不立危墙下

如果不提前做预算，你就很可能从一个财政危机陷入另一个经济困境。一

【理财密码】

有了钱，你可以去世界的任何地方旅游；有了钱，你可以尽情地去品味人间美食；有了钱，你可以买你想要的高档商品；有了钱，你可以买更好的房子、车子和名牌首饰。

旦家中经济拮据并最终导致负债,那么接下来整个生活都处于危机之中,更不要说享受生活的快乐。

因此,80后的理财计划中,必不可少的一项就是要做好预算。

4.巧妙利用购物优惠

许多商场超市都会经常推出购物优惠活动。巧妙地利用商家的打折促销优惠,可以省下一笔不小的开支。

案例:三口之家如何理财

陈女士家里的每月总收入为8 000元,除了夫妇二人之外,还有一个两岁大的儿子。陈女士家每月需还贷款800元。她想为家庭购买一些保险,而又想把年保费控制在8000元左右,为此,她前去理财师刘先生那里咨询。

理财师刘先生告诉她:第一,因为在一个家庭中,父母是支柱,所以先做好陈女士夫妇的保障是关键。在挑选品种的时候,则最好选择价格较为便宜的意外险,接着再去考虑那些健康险。健康险有返还和分红的健康险,尽管价格相对偏高,可是保障的时间比较长,而且又有分红;当然也可以选择那些消费型的定期健康险,该险费率相比之下较低,保障期限通常和交费的期限相关,交到什么时候就保到什么时候,不能返还。第二,在孩子还很小的时候,常常会生点小病或者磕伤、摔伤,所以给孩子买份意外险也是十分必要的。

第四章　完备的交通与通信网络

　　墨西哥的交通运输业比较发达,具有比较完备的交通运输网络,国际国内航线四通八达,在连接各个经济部门和地区、促进经济发展等方面发挥了重要的作用。墨西哥地处南北美洲的交界处,纵贯南北的泛美公路是沟通南北美洲的大动脉。墨西哥城是联系拉丁美洲和欧洲、北美的交通枢纽。因此,墨西哥在世界交通中占有重要地位。

财富小百科

　　大多数人都觉得自己钱少，似乎离自己设定的理财标准还有点远，理财这件事都是有钱人的专属活动，似乎跟自己没有任何关系。大家似乎都忘了滴水穿石、积少成多的道理。其实，小钱才是最需要被规划的。哪个富翁不是从很少的钱开始计划，一点一点地积累，最后成为富翁的？又有哪个从来不理财的人变成了富翁的？所以无论我们有没有钱，理财对于我们来说都是很有必要的，哪怕是为了应付我们即将或者正在面临的买房、买车、养小孩、养老、消费等现实问题，理财无论对于谁都是具有重大意义的。所以我们应该知道，理财的关键不在于我们有没有钱，或者钱多不多，而在于我们是否愿意理财，是否愿意保有我们资产的价值。

第一节　公路是主要途径

　　近年来,墨西哥加大了对基础设施投资的力度,推进国内铁路与港口的私有化,以及对收费公路实行特许经营,从而吸引了大量国内外资金,促进了交通设施的现代化建设。

　　墨西哥的公路运输从20世纪20年代开始建立。1925年,国家设立了全国公路委员会,由国家投资修建公路。"二战"后,公路建设速度加快,汽车的货运和客运运输量急剧增加。到20世纪60年

代，公路运输量逐渐超过铁路运输量，成为最主要的运输手段。

【走近墨西哥】

卡德纳斯的改革和20世纪30年代民族经济的壮大为"二战"后墨西哥经济的快速发展创造了良好的条件，为墨西哥实行进口替代工业化内向发展模式奠定了基础。

墨西哥拥有拉美地区覆盖最广的公路网络，境内几乎所有地区之间都有公路相连。墨境内主要公路干线包括14条线路(大多数都是收费公路)，可以连接各州的首府、边境城市以及各个海港。墨境内公路分为泛美公路系统和国内公路系统，根据墨西哥国家统计、地理及信息局公布的数据，2006年墨公路网总里程为34.9万公里，柏油或水泥路面的等级公路为11.7万公里(包括6 979公里的高速公路)，现代收费公路里程数7575公里。

公路运输在墨西哥占据着极为重要的地位，承载了国内59%的货物运输量、13%的国际货物运输量、99%的国内旅客运输和92%的国际旅客运输。2005年，墨西哥公路承运国内货物3690万吨，承运总价值857.71亿美元的国际货物，并且完成2.12亿人次的出入境旅客承载量。

第二节　铁路带来的发展

　　墨西哥铁路系统大部分建于19世纪下半叶，主要由美国、英国和法国资本修筑。1910年至1973年，铁路总长度由65公里增加到19 280公里，平均每100平方公里领土有1公里铁路，每1万人有铁路13公里。外国公司修建铁路的目的主要是将矿石运往美国或欧洲，所以铁路线大部分是南北走向，连接中央高原和墨美边境。1937年卡德纳斯政府实行铁路国有化，增加了对铁路部门的投资，开始修建新的铁路线。"二战"后，铁路运输量不断增加，新修的线路不多。近年来，政府对铁路部门的方针是实行更新和改造，拆除一些旧轨，进行设备更新，提高服务质量。

　　2005年，墨西哥铁路总长度1.8万公里，基本上都采用了1.435米的国际标准轨距。铁路网以墨西哥城为中心，向北有三条干线通往墨美边境。东北干线由墨西哥城经由圣路易斯波托西、蒙特雷、新拉雷多等城市，与美国边境的拉雷多城的铁路相接。圣路易斯波托西有支线与墨西哥湾沿海重要港口坦皮科相接。中北干线由墨西哥城途经莱昂、阿瓜斯卡连特斯、托雷翁、奇瓦

【墨西哥经济】

　　从20世纪40年代起到80年代中期，墨西哥进入了一个新的经济发展阶段。在这一时期，历届政府都大力推行进口替代工业化发展战略。国家对宏观经济实行强有力的干预，国有经济在整个国民经济中占有主导地位。国家通过对石油、铁路、电力等外国企业实行国有化，将国家经济命脉掌握在手中。

瓦市,穿过华雷斯城,与美国埃尔帕索城相接。向南有一条西北东南向的干线,通往中南美洲。

　　铁路运输是墨西哥进出口货物的主要运输方式之一,2005年承运货物总值3339.33亿美元,占该国国际货物运输总值的52%。铁路运输还承担了墨西哥国内货物运输总量的10%,主要运送货物构成情况为:矿产约占39%,工业产品30%,农业20%,油7%,林产0.7%,牛约0.2%。

第三节　水运是运输的必要补充

　　水上运输，特别是海运方式承担了墨西哥部分国际货物、国内货物和出入境旅客运输的任务。墨西哥全国共有港口106个，其中海运港口95个、内河港口18个，66个具有远洋(国际)运货能力。按运送的主要对象划分，37个为贸易港口，43个为渔业港口，22个为旅游港口，11个为石油港口。同欧美、中南美、加勒比地区、亚洲许多国家设有客货运班轮。墨西哥较大的港口主要分布在太平洋

海岸,包括曼萨尼约港、拉萨罗—卡德纳斯港、萨利纳克鲁斯港、瓜伊马斯港和马萨特兰港。墨西哥湾海岸的主要港口有韦腊克鲁斯港、坦皮科港和夸察夸尔科斯港。墨西哥城的海运依托韦腊克鲁斯港。经过20世纪90年代的私有化改革后,墨西哥港口完成了现代化改造,国内码头设施较为先进。

墨西哥境内拥有2900公里的通航河流和沿海运河,内河港口码头多集中在帕努斯河、格里哈尔瓦河、乌苏马辛河及其支流帕西翁河、夸察夸尔科斯河、科罗拉多河等河流。由于河流短小湍急,且一般只能通行小轮船,内陆水运在墨交通系统中所发挥的作用微乎其微。

墨西哥海运货物量约占其对外贸易总量的70%。2006年国际货物海运量为2.13亿吨,其中68%为出口货物。墨西哥湾的4个港口(Pueaos Dos Bocas、Pajaritos、Veracruz和Cayo Arcas)的货物吞吐量占墨对外贸易的77%,主要为石油及其产品出口。剔除石油输运,Manzaniilo、Lazaro Cardenas、Veracruz、Ahamira和Tampico则为墨主要贸易港口,货物吞吐量占全国的75%。截至2007年中期,墨具有远洋(国际)运货能力的66个港口分属22个港口综合管理公司管理。上述公司中的16个由中央政府管理,5个由当地州政府管理,1个被私人资本控制。墨全部港口所有权属于国家,港口管理公司业务不少由私人公司通过特许经营许可来实施。

2001年至2006年,公共及私人投资港口基础设施建设每年约5.68亿美元,其中70%为私人投资。同期港口吞吐量年均增长3.7%,2006年达到2.87亿吨,73%为远洋货运。世界经济论坛2006年的一份报告指出,墨港口基础设施在125个国家中排名仅为第六十四位,墨政府在《2007—2012年国家基础设施发展

【墨西哥经济】

在进口替代工业化发展战略中,墨西哥经历了由一般消费品进口替代向中间产品和资本货进口替代转变,由全面的进口替代向有选择的进口替代转变的过程。

计划》中预测，港口基础设施的改造每年需投入资金为100亿比索。

截至2006年年底，5家墨西哥航运公司及75家外国航运公司从事从墨离境的远洋(国际)海运服务。2006年，墨西哥仅有239艘注册吨位超过1000吨级的商船，规模较小。外国航运公司承担了31%的墨本国沿岸货运以及几乎所有的远洋(国际)货运。

墨西哥已签署了国际海事组织的《国际船舶与港口设施保安规则》，该规则在墨所有具有远洋(国际)运货能力的港口都有效。

第四节　航空运输

墨西哥的航空运输业比较发达,主要是在第二次世界大战以后发展起来的。从20世纪70年代以来,由于旅游业的兴旺,航空业迅速发展。

航空在墨西哥国际货物运输和旅客运输中作用较为突出。根据墨西哥进出口银行的统计数据,2006年墨西哥共有各类机场1 839座(含1座专供直升机使用的机场),其中已经铺设跑道的机场228座,小型而跑道未经铺设的简易机场1 611座。各类机场中,国际机场57个,主要分布于阿卡普尔科、坎昆、瓜达拉哈拉、梅里达、墨西哥城、蒙特雷和利昂等城市。国内机场26个。

墨目前有18家航空公司拥有定期航班,其中14家可经营国内航线,7家可经营国际航线,11家有货运业务。国内外航线四通八达,国内以首都墨西哥城为中心,航线通往全国各地;国际上,同欧美、日本及中南美洲许多国家通航。2005年,墨西哥航空系统拥有民航飞机7172架,其中商用飞机1406架,普通飞机5766架。2006年,运送国内外乘客4540万人次, 比2002年增长37%;运输货物54.4万吨,比2002年增长40%。2002年至2006年间,每年用于空运

【墨西哥经济】

第一阶段(20世纪40年代至70年代中期) 是以发展制造业为主的进口替代工业化时期。20世纪30年代的世界经济危机和第二次世界大战的爆发使墨西哥出口锐减,国内经济发展所需的工业制成品进口来源受阻,导致墨西哥经济形势恶化。

服务基础设施建设的资金约为2.96亿美元。

　　1998年,墨政府颁发给经营全国35个主要机场的4个地区机场集团(中北部区13个机场、太平洋区12个机场、东南部区9个机场及墨西哥城1个机场)特许经营许可,改制成立股份公司。如今,墨西哥城国际机场为墨政府控股,其他3家则分别由本国或外国私人资本控制。

　　1995年至2005年间,墨航空市场一直被最大的两家航空公司AEROMEXICO和MEXICANA垄断,墨政府通过GRUPO CINTRA集团实现对这两家公司的控股,2000年这两家公司及其子公司共占有墨航空客运市场77％的份额。

　　2005年,墨联邦竞争委员会通过关于降低集中度的决议案,GRUPO CINTRA集团因此出售MEXICANA公司及其子公司CLICK,上述公司目前已私有化。AEROMEXICO则依然

由墨政府通过GRUPO CINTRA公司控股。近年市场竞争格局大为改观，2006年年底，AEROMEXICO占有市场份额为27.4%，MEXI-CANA市场占有率20.6%，排名第三的AVIACSA市场占有率亦达到14%。

墨在民航方面共签署了41个双边协议，其中与亚洲国家9个，与加勒比及中南美洲国家16个，与欧洲国家14个，与北美2个。

第五节　电信的发展

2006年,墨电信服务业总收入(未包括普通免费电视服务)达到254.79亿美元,电信业实际增长18.3%,对GDP贡献率从2001年的3.1%上升到2006年的5.5%。但与此同时,与2001年57.50亿美元的峰值相比,2006年墨电信业投资下降32%,2005年人均投资位于经合组织成员国倒数第二。2003年至2006年间,电信业投资有所回升,增加44.7%。投资减少反映了该行业竞争水平有限。

电话及互联网　2001年至2006年间,墨固定电话用户年均增长6.6%,截至2008年6月,全国拥有固定电话线路2 006万条,每100位居民拥有线路为18.81条。移动电话增长更为迅猛,同期年均增长21%,2006年年底普及率为54%,截至2008年6月,墨移动电话用户总数达到7285万,每100位居民拥有移动电话68.26部。2006年,每100位居民互联网用户为19.5人,宽带用户2.9人,宽带普及率位于经合组织成员国倒数第二。

2001年至2006年间,居民本地固定电话费率下调20%,移动电话费率下调60%。截至2006年年底,墨固定电话、移动电话及互联网服务费率依然位于所有经合组织成员国前列,其中宽带服务费用更是高居第一。

【墨西哥经济】

政府通过发展本国制造业,代替工业制成品的进口,逐步实现国家工业化和经济现代化。在此期间,20世纪五六十年代墨西哥政府实行了"稳定发展"战略,70年代前半期实行了"分享发展"战略。

1990年,墨西哥电话公司(TELMEX)实行私有化,得到特许经营许可,有效期至2026年。凭借该许可,TELMEX在1996年前可独家专营部分电信业务,其余领域则允许其他运营商进入。墨政府通过颁发23家本地固定电话特许,46家长途特许,25家本地移动电话特许及22家卫星服务特许,电信市场得以逐渐放开。尽管如此,本行业目前竞争水平依然低下,TELMEX实际控制着92%的本地固定电话业务,80%的长途电话业务,并通过旗下的AMERICA MOVIL控制77%的移动电话业务和60%的互联网业务。

电视 普通无线免费电视市场被TELEVISA集团和TV AZTECA集团垄断,前者还控制着两家重要的有线付费和卫星电视公司。

第六节　理财达人的致富之道

好的习惯让你终生受益,好的理财习惯更会让你一辈子财源不断。大部分80后白领们都没有储蓄、存钱这些好习惯,不仅如此,甚至还养成了拖欠信用卡债务的恶习。因此,千万不要让自己的人生从负数开始。

经调查统计,84%的百万富翁都是从储蓄和省钱开始发家致富的,而且有70%的富翁每周仍然抽时间进行理财规划。连百万富翁都要花时间进行理财规划,平时有很好闲暇时间的白领们怎么会忙到没时间审视自己的收入和支出呢? 如果想要变得有钱,就一定要挤出时间,尽早培养良好的理财习惯。

想要有钱,并不仅仅是投资就可以的,更是要循序渐进地培养赚钱、存钱、省钱、钱滚钱的习惯。

1.努力攒足人生的"第一桶金"

不是谁都有"飞来横财"的好运,对于职场中的80后来说,工资是生活的主要收入。所以作为工薪白领而言,提高工作收入是他们最重要的目标。只有通过薪水的不断增加,才可能快速累积起人生的第一桶金。

【理财密码】

每个人都有自身存在的价值,上帝对每个人都是平等的, 它给予每个人最大的财富就是你自己。如果你的投资行为完全受到情绪的左右, 有时候明明知道做了一定会后悔, 可还是冲动做了, 可是真到了该做决定的时候却没有勇气, 这样就很容易出现投资失败的情况。

2.一定要学会定期存款

不管是工作赚钱还是投资赚钱,80后存钱的习惯不能少。钱存在银行里,虽然不会多多少,但是绝对不会少。

80后的女孩最好不要在钱包中放太多的钱和卡,因为很多人在逛街的时候,看中什么东西,肯定会毫不犹豫地掏钱包购买,所以定期存款很重要,而且储蓄金额一定要随着收入的增加进行等比例提高。

3.花钱不忘记账,省钱很重要

记账是一个很好的习惯,也是很多80后所不具备的。想省钱,就一定要记账。不管是吃饭、买衣服,还是坐车,把生活中大大小小的消费都用账本清清楚楚地记下来,然后通过账本找出花钱的漏洞。这样就会促使你合理消费,从而为你省下一大笔钱。

4.要想钱滚钱,就要制订5年计划

想要有钱,光靠存钱是不行的。存钱是通过加法使金钱增长,而投资则是通过乘法的方式让金钱增长。当然投资也不能盲目,如果没有好的理财计划和投资策略,赔钱的可能性会很大。所以做好长远的投资计划很重要,时间以5年为佳。

第五章　不容小看的财政和金融

　　墨西哥的财政年度与日历年度一致。财政体制与行政体制相适应,分为联邦政府、州政府和市政府三级。财政预算由议会批准。

财富小百科

聪明的学生会知道理财对于自己这样没有收入的人来说是多么的意义重大。我们可以通过理财把家长给的生活费攒下一大笔来进行投资，获得收益，让自己从没有收入开始变成有收入。可以用自己赚来的钱为自己的未来做好充足的准备，并且从学生时代就开始理财的人，多数都会养成很好的理财习惯，为自己创造财富打下坚实的基础。

不积跬步无以至千里。虽然这个时期能够给我们用来理财的钱确实有限，但是理财也是同样重要的。在大多数人还没有开始为买房、买车做准备的时候，你已经开始有了自己的想法，你就会比很多同龄人提前步入小资的生活，你就有更多的机会选择以后的生活。

第一节 财政的秘密

全国公共财政体系包括三部分：即联邦政府收支、受预算控制的联邦直属机构和国有企业的财政收支、其他公共部门的财政收支。联邦政府的财政收入归墨西哥财政与公共信贷部主管；联邦政府财政支出归计划与预算部主管；国有企业和其他公共部门财政收支归商业和工业发展部等有关部门主管。各州和市一级的财政由各州的财政部和市政府相应机构管理。联邦、州、市三级政府的财政相对独立，但相互之间又有联系，地方财政收入主要依靠地方税收和属于地方的国有企业收入，少部分靠联邦政府补贴。

财政收入分联邦政府收入和国有企业及其他公共部门收入两大类。联邦政府收入分经常项目收入和资本收入两部分。经常项目收入包括税收和非税收收入。税收包括企业和个人所得税、生产和劳务税、增值税、进出口税等；非税收收入包括信贷业务收入、不动产转让收入等。财政支出包括经常项目支出和资本项目；前者包括公职人员工资，行政开支，教育、卫生、科研费用，国防开支，支付债务利息等主要项目；后者包括购置用于发展的商品，公共设施建设费

【墨西哥经济】

　　1940年至1955年是墨西哥非耐用消费品进口替代时期，这一时期墨西哥制造业年均增长8.2%，同一时期电力和石油生产年均增长9.8%，建筑业增长8.1%。

用,给国有企业的拨款及其他投资。

墨西哥实行联邦、州和市三级税收体系。在过去的15年里,墨西哥税收制度已得到很大的简化。

所得税 公司所得税税率2005年为30%,2006年为29%,2007年及之后为28%。个人所得税税率自3%至最高29%(2006年)不等,最高税率在2007年及之后调降为28%。

公司单一税 (IETU) 墨西哥政府于2008年1月1日起实施IETU,取代原有的资产税,以解决逃漏税问题。凡居住在墨西哥领土的个人或公司,除了个人的薪资外,均须缴纳IETU。此外,对于在墨西哥有永久设点但居住海外的墨西哥籍个人及公司,对于该永久设点所产生之所得亦应缴IETU。IETU税率分别为2008年16.5%、2009年17%、2010年起17.5%。将以现金所得为课税基础,采取月缴方式,年终时分别计算IETU与所得税实际应缴税额,取高者课征,并缴纳税额(扣除每月

已缴税额)。

现金存款　税墨西哥政府为防止未向财政部登记的摊贩商家逃漏税,自2008年7月1日起,凡是同一公司或个人到金融机构现金存款每个月超过2.5万比索,将课征2%的存款税。公司或个人在同一家银行有数个账号,若账户名称相同,该等账户之现金存款还是要一并累计。

增值税(IVA)　内地税率为15%,边境地区为10%。对商品交易、独立劳务的报酬、使用物品暂时权利之授予以及商品及劳务之进口等予以课税。商品或劳务的输出及特定项目之交易则享免增值税,该等特定项目包括基本民生食物(肉类、牛奶、玉米、小麦)、药品、与基本民生食物之生产相关之农业劳务。

近年来墨西哥政府实行紧缩性财政政策,降低公共开支,增加税收,财政收支基本处于维持平衡的状态。2008年墨

【墨西哥经济】

1956年至1975年是耐用消费品和资本货进口替代时期，整个制造业的增长速度保持在8%左右。在制造业内部，化学制品、金属产品、机械制造和运输设备的增长速度大大超过食品、服装、皮革、制鞋等日用品生产的增长。

西哥财政收入28571.5亿比索，支出28653亿比索，赤字81.5亿比索。2009年墨西哥财政预算为3.045万亿比索，财政赤字将占国内生产总值的1.8%。该预算预计墨西哥2009年原油出口平均价格为70美元／桶。

政府财政收入的37.7%来源于墨西哥国家石油公司(Pemex)，但墨西哥国家石油公司在发展上问题重重，此外，其石油产量自2004年起逐年减少。根据美国能源信息中心公布的报告显示，至2020年墨西哥的石油日均产量将不能满足国内需求，将成为石油净进口国。加上国际石油价格波动等因素的存在，墨西哥财政收入面临一定的不确定性，财政状况存在隐患，需要进行必要的财政改革。

第二节　金融的变革

概况

墨西哥的金融体系基本沿袭了发达国家金融制度的二级模式,它由两大部分组成。第一部分是银行和金融机构,主要包括中央银行、商业银行、开发银行和非银行金融机构(如储蓄和贷款机构、养老基金、投资公司、保险公司、证券交易所、信托基金、共同基金、经纪公司等);第二部分是金融市场,主要包括债券市场、股票市场、衍生品市场以及外汇市场。

截至2008年5月,墨共有商业银行41家,养老基金投资公司21家,共同基金478家,政府开发银行6家,养老基金管理公司21家,债券公司14家,经纪公司32家,租赁机构14家,储蓄和贷款机构6家,货币兑换公司24家。

墨西哥证券交易所是墨唯一的证交所,也是拉美第二大证交所,但其规模与主要发达国家相比仍有较大差距。

银行业

墨西哥银行系统主要由商业银行、开发银行及有特定经营宗旨的金融公司组成。截至2007年3月,所有商业银行的总资产占全国金融系统总资产的45.5％。墨金融系统外资控制比例逾80％,

为拉美国家最高。墨银行业是全球最为开放的银行业之一，前五大银行中只有北方银行(BANORTE)为墨政府控股，其余均为外资控股，4家外资银行分别为西班牙银行控股的BBVA Baneomer，美国银行控股的Banamex—Citigroup，西班牙银行控股的桑坦德银行(Banco Santander)和英国资本控股的汇丰银行。截至2007年6月，这4家外资银行就控制了银行业总资产的69.4%。上述五大银行的贷款占78%的市场份额，存款则占80%的份额。

2002年至2006年间，墨商业银行信贷主要分布行业如下：农林渔业2%，矿业0.2%，制造业12.4%，建筑业3.1%，服务业及其他19.8%，住房0.1%，消费17.5%，金融4.5%，政府与公共管理8.4%等。截至2007年6月，墨银行贷款额仅占GDP的15.6%，该比例在智利为60%，在美国也超过40%。墨银行系统金融指数最近数年有所好转，逾期还款率已从2002年的4.6%下降至2007年的2.3%。

开发银行在墨金融系统中同样占有重要地位，目前全国有6家主要的开发银行，其中最重要的是全国金融银行(NAFIN)，拥有本行业40%的资产。

墨允许与其签有自由贸易协定(含金融服务内容)国家的金融机构按照《信贷机构法》及《关于外国金融机构建立分支机构的规则》的要求，在取得墨财政与公共信贷部的批准后，通过在墨开设分支机构的形式进入墨银行服务系统。此外，任何外国投资者可100%拥有某银行的股本，但如持股比例超过5%，需取得财政与公共信贷部的批准，并征询全国银行和证券业委员会的同意。

【墨西哥经济】
到20世纪60年代末和70年代初，墨西哥的工业化已经初具规模，全国建立起了比较齐全的工业部门，重工业部门也具有了一定的基础。

保险业

墨西哥保险系统由保险机构及保险互助公司组成。2007年年初,虽然保费收入占GDP比重仅为1.9%,但墨依然是拉美地区第二大的保险市场,保费收入占拉美地区的25%。

2002年至2006年间,墨直接保费收入为1372.38亿比索,其中38.9%为人寿保险收入,4.0%为养老保险收入,13.2%为意外事故和疾病险收入,43.9%为损伤险收入。同期,续保收入为29.33亿比索。

截至2006年年底,墨共有91家保险公司,其中1家为保险互助公司,1家为国家所有公司,其余89家都为私营保险公司。3家外资公司及2家墨资公司控制了全墨保险市场60%的份额。

保险业相关法律为1935年的《保险机构及保险互助公司总法》,该法此后曾做修改。财政与公共信贷部负责颁发保险

公司营业许可,全国保险与担保业委员会负责行业监管。

保险公司取得营业许可,需符合《保险机构及保险互助公司总法》要求。外资可多数控股或全资控股保险公司,该情况被视为外国保险公司在墨子公司。外资控股保险公司,外方公司须来自于与墨签有自由贸易协定的国家,并在该协定中有明确的金融服务内容,且须在墨设有分支机构,符合《关于外国金融机构建立分支机构的规则》要求。

第三节 货币制度与货币政策

墨西哥中央银行

墨西哥银行(Banco de Mexico)是墨西哥的中央银行,国会授权其自主运营,自我管理,任何政府机构均无权向其发布融资指令。墨西哥银行的基本目标是发行货币,保持货币购买力稳定,以及推动金融系统健康发展和支付体系有效运行。

墨西哥银行履行以下职能: (1)管理货币的发行和流通、外汇、金融服务,以及支付体系;(2)作为信贷机构的储备银行和最后借款人;(3)向联邦政府提供国库服务,作为联邦政府的财务代理机构;(4)向联邦政府就经济,尤其是金融事务提出建议;(5)参与国际货币基金组织、其他国际金融合作机构,以及那些包括中央银行职能(those embodying central bank)的国际金融合作机构;(6)和上条中的机构、中央银行以及其他履行金融当局职能的境外法人实体(Legal entities)合作。

墨西哥中央银行理事会 (the board of governors)负责对货币事务,对其他实质性行动,以及重要的管理决策做出决定。理事会由5名成员组成,成员由总统任命,但须经议会或常设委员会 (permanent

【墨西哥经济】

第二阶段(20世纪70年代中期至1982年债务危机) 是以大力发展石油和石油化工为主的,有选择的进口替代工业化时期。

commission)批准。

《墨西哥银行法》第46款规定了理事会的关键职责,其中最为重要的是:批准纸币的发行及硬币铸造;向联邦政府授信;决定政策和标准,中央银行据此进行运营,颁布规章,批准内部议事程序(by-laws)、预算、总体工作条件、合约规则。

墨西哥中央银行理事会下设理事会秘书处、理事会顾问办公室、总稽核(Comptroller)。内设部门有:中央银行运营、经济研究、金融系统分析、行政管理、信息技术、法律事务、计划及预算、货币发行、外部事务。

墨西哥的货币制度

墨西哥的货币由中央银行发行。纸币共有6种,分别是:20比索、50比索、100比索、200比索、500比索、1000比索。硬币共有9种, 分别是:5分、10分、20分、50分、1比索、2比索、5比索、10比索、100比索。

墨西哥的货币政策

自2001年以来，墨西哥实行的是通货膨胀目标制(inflation targeting framework)。中央银行通过公布通胀目标、保持货币政策透明、与公众进行广泛沟通，以及对一系列反映通货膨胀未来发展路径的指标进行系统评估等措施，实施通胀目标制。中央银行对物价及其通胀前景的持续评估，是货币政策实施的关键要素。

墨西哥采用核心CPI(消费者物价指数)作为通货膨胀指标。此外，中央银行也监控决定通胀的主要经济变量，诸如国际金融环境和汇率、收益、工资、就业和单位劳动成本、总供给和总需求、管制价格、公共财政，以及货币和信贷总量。

货币政策操作目标和工具

从2008年1月21日起，墨西哥银行货币政策操作目标正式转向利率目标。墨西哥银行不再使用商业银行在中央银行的每日经常账户余额作为操作目标，而代之以银行间隔夜利率。墨西哥中央银行通过公开市场操作提供或回收流动性货币公开市场操作中最常用的操作工具是贷款拍卖、存款和回购协议。

【墨西哥经济】

1976年墨西哥开始大规模地勘探和开采石油，国民经济进入了石油经济时期。政府开始制定新的经济发展计划，包括《1979—1990年工业发展计划》《1980—1982年农业发展计划》和《1980—1982年全面发展计划》。这些计划明确指出，20世纪80年代墨西哥经济发展战略为：以石油为基础，推动经济全面发展，争取到1990年把墨西哥建设成为经济实力雄厚的现代化工业强国。

第四节 汇率制度和外汇制度

汇率制度

墨西哥实行独立浮动的汇率。墨西哥比索的汇率由外汇市场自由决定。

汇率管理

墨西哥外汇委员会建立起了以规则为基础的机制,以降低国际储备的增长率。2004年3月12日,墨西哥银行宣布,在该体制下,

墨西哥银行按照如下程序每天在外汇市场直接出售美元,墨西哥银行每季度宣布将在随后4个季度 (以前仅宣布下个季度)中每天在外汇市场出售的美元数量。即将销售的美元数量相当于前一季度国际储备净积累的50%,每个季度拍卖1／4(之前没有类似的分配),同一时期通过拍卖

> **【墨西哥经济】**
>
> "石油繁荣"发展战略强调,墨西哥将在80年代初成为世界石油化工产品的重要生产国和出口国,石油的发展将有力地支持工业的发展,保证国家的经济独立达到前所未有的水平。

机构累积销售的美元数量不包括在内。基于美元总量,墨西哥银行遵循预先确定的程序每天拍卖固定数量的美元(每天销售的美元数系根据当季度工作天数确定)。

外汇制度

墨西哥对于进口、出口所涉及的外汇收支没有管制,对于无形交易和经常转移(current transfers)所涉及的外汇收支也不管制,而墨西哥对资本交易有管制。

第五节　国际储备

　　截至2008年年底,墨西哥国际储备呈持续增长态势。国际储备达到953亿美元,大约能够满足3~4个月的进口付汇需求。2009年7月底墨西哥国际储备为732.69亿美元,比上年同期的782.06亿美元下降了49.37亿美元,连续7个月呈下降趋势。这一储备额也创下了2007年10月以来墨西哥国际储备的最低水平。主要原因一是为维持外汇市场和本国货币汇率稳定,墨西哥央行2009年以来向外汇市场投放了大量美元;二是墨西哥政府动用了25.47亿美元的国际储备用来清偿债务和减少财政赤字。

第六节　外债

在历史上,外债是影响墨西哥经济的一个重要因素,数次经济危机都源于外债危机。自1994年金融危机以来,墨西哥政府加大了对公共债务的管理力度。福克斯政府执政时期(2000年至2006年),墨西哥外债状况得到了明显改善。

2006年以来,墨西哥外债总额逐年上升,2006年外债总额为1607亿美元,2007年为1796.9亿美元,2008年为1854.8亿美元。导致外债上升的主要原因是私人部门的融资增加和投资项目吸收外债大幅上升,如2007年长期生产基础设施项目新增外债132.25亿美元,该项目主要满足墨西哥石油公司和墨西哥联邦电力公司的融资需要。

2008年墨西哥外债具有以下特点:一是政府外债稳中有升。2008年政府外债余额为417.33亿美元,比2007年的412.81亿美元稍高,其中主要为债券,余额为333.25亿美元,贷款余额为84.08亿美元。二是私人部门债务呈上升趋势,2008年私人部门为645.11亿美元,其中短期外债197.3亿美元,长期外债447.81亿美元。三是中长期外债占外债总额的96.7%,短期外债占3.3%。四是负债率稳中有

【墨西哥经济】

为保护本国不可再生的石油资源,墨西哥政府实行有节制地开采石油的政策。同时还要求综合利用石油资源,大力发展炼油和石油化学工业,满足国内工业发展日益增长的需求,增加石油制品的出口,减少原油出口。

降。2007年外债总额占GDP的比重为17.5％，2008年为17％。五是已付偿债率逐年下降，由2006年的18.8％降至2008年的14.5％，处于相对安全的水平。

墨西哥政府通过以下方式偿还外债。一是利用财政收入来改善到期公共债务的结构并偿还债务。2008年1~9月，财政部偿还了26.47亿美元的外债。2009年2月，墨西哥又清偿5亿美元外债。二是动用外汇储备偿还债务。2008年下半年，财政部发行债券，购买央行80亿美元的外汇储备，以维持财政预算，确保对外偿付能力。国际金融危机爆发后，2008年10月，墨西哥政府宣布回购400亿比索的中长期债券计划。三是发行新债取代旧债，并以货币调节债券的名义在国内发行债券，将外债转移为内债，从而改善墨西哥的内外债务结构，降低墨西哥的债务成本。

2009年8月，穆迪公司确认墨西哥的外币与当地货币政府公债信评为BaAl，债信展望为稳定，因为经济政策架构仍然支撑财政纪律，具备资本市场筹资的能力。

第七节　理财达人的致富之道

80后应该树立健康文明的消费观念,要用正确的消费观念指导自己的生活消费,做到健康、理智、文明消费。

1.量入为出,适度消费

消费必须与自身的经济情况相适应。适度,要求消费者用于消费的支出与自身的收入大致保持一致,消费水平是一个循序渐进的过程。要用科学的观念消费,与自身情况相结合。

这就需要我们在消费过程中,坚持从自身的实际情况出发,不要盲目消费。盲从是消费中一种常见的消费心理,它与相互攀比是紧密联系的。消费者在进行消费抉择时,要保持冷静,不要事后发现选择了自己不合适的商品。

2.勤俭节约,艰苦奋斗

勤俭节约,艰苦奋斗历来是中华民族的传统美德。合理的消费,能更好地积累财富,合理的消费能给自身的财产节流。

案例:年轻白领的理财计划

小王今年28岁,妻子27岁,都是本科毕业。两个人刚结婚没多久,都在一家国有企业工作,月收入除掉社会保险后共为6500元,年终奖共有2万元。他们每月有住房公积金1600元(现已办理住房

【理财密码】

"肥水不流外人田"这句话对80后来说并不陌生。

如今,"肥水不流外人田"被广泛地运用到商业领域,那些以赚取利润最大化为目的的生意人,更是绝对不会错失唾手可得的钱财。

公积金贷款供房),两个人的月消费在2000元左右。目前,家中有活期存款10万元。

小王自己现正读在职研究生,夫妻二人目前没有进行投资,也没有什么负担,打算两年后要小孩,根据这些情况,他们做了下面的理财计划:

(1)小王全家每年收入在9.8万元左右,可以安排家庭日常生活开支占家庭总收入的25%,也就是一年2.4万元左右。

(2)妻子将总收入的5%用作每年的美容消费,也就是4900元。

(3)总收入的5%用作每年的旅游消费,也就是4900元。

(4)每年存2万元的紧急备用金在银行,用定存和活期两种方式,占家庭总资产的25%左右。

(5)小王每年需要3万元读研费用,占总收入的31%左右。

(6)夫妻每年购买人身意外伤害保险共1100元,占总收入的1.12%。

(7)每年增缴补充住房公积金5000元,占总收入的5%。

经过这样一番精打细算,小王一家不仅生活过得有滋有味,同时每年还有一定的储蓄,可以为以后的生活打下坚实的基础。

第六章　旅游业的财富神话

　　墨西哥是世界旅游大国之一,国际客数量全球排名第八。旅游业对墨西哥经济做出了突出的贡献, 是墨西哥第三大支柱产业,占 GDP 的 9.5%,提供 170 多万个就业机会。

你身边是不是有很多这样的人,他们是标准的白领,有学历、有身份,收入高、社会地位高,当然所有的人都会以为他们有很多的积蓄,储存了很多的资产。可是当你知道他们也是"月光族",在遇到紧急事情的时候也会被迫向朋友借钱,也还是住在自己租来的房子里,你是不是会对他们非常的失望?作为既有社会地位,收入水平还不错的社会阶层来讲,社会早已经给予他们很高的期望,他们承担的不仅是赡养上一辈的责任,更是培育下一代的重要中坚力量,作为这个阶层,理财就显得尤为重要。他们本来就高的收入,除去开销之后的剩余也很多,所以他们可以选择的理财产品也很多,因此可以根据对风险的承受能力尽量选择对自己来说收益最大的理财产品,才能更好地保障未来。

第一节　墨西哥的旅游业

　　墨西哥政府管理旅游业的主要机构是旅游部，它负责制订旅游业的发展规划，登记旅游企业，确定旅游服务价格，协调旅游企业之间关系，培训工作人员，开展广告宣传，提供技术服务等。1974年成立了全国促进旅游基金会，附属于全国金融公司。该基金会主要为建造、扩建、维修旅馆提供长期贷款。此外，泛美开发银行、世界银行等国际金融机构也为墨西哥旅游业的发展提供大量贷款。

　　墨西哥政府一向重视旅游业的发展。开辟旅游线路和增设旅游项目是墨西哥发展旅游业的重要步骤。墨西哥的旅游项目丰富多彩，既有休假旅游、探险旅游、生态旅游，又有购物旅游和会议旅游，但最具特色的还是文化探古旅游。墨西哥的玛雅文化、托尔特克文化和阿兹特克文化的古迹吸引了众多外国游客，尤其是南部的玛雅文化古迹更是深受旅游者青睐的参观景点，这些景点的外汇收入占全国旅游总收入的1／4。

　　海滨旅游业的兴旺，是墨西哥旅游业的一大特色。墨西哥地处太平洋和大西洋之间，拥有1万多公里海岸线。为数众多的海滨旅游胜地风景秀丽，气候温暖宜人，有"加勒比海明珠"之称的坎昆闻名遐迩。阿卡普尔科、科利马州的曼萨尼约、南下

> **【墨西哥经济】**
>
> 　　实现转变的关键是有效利用石油收入建立起现代化的、具有国际竞争力的工业基础。该战略还指出，利用石油提供的资金，重点发展钢铁、电力、石油化工和机器制造等工业部门。

加利福尼亚州的洛斯卡沃斯、哈利斯科州的巴亚尔塔等等,也都有迷人的海滨风光。因此,许多海滨城市都充分利用这一有利条件,建设了大量现代化的宾馆、酒店等旅游设施,吸引游客前来旅游。许多旅行社都竞相推出海滨度假游,形式多样灵活。一些航空公司也推出一揽子机票,即包括往返机票、机场接送及旅馆住宿等的套票。

据墨西哥央行统计,2007年,墨西哥共接待国内外游客2140万人次,与2006年基本持平;旅游收入129亿美元,同比增长6%。其中,外国游客1300万人次。北美、欧洲和拉美游客分别占总数的75%、11%和4.5%。2007年墨旅游业吸引私人投资35亿美元。据墨政府计划,到2012年,墨旅游业将共吸引私人投资200亿美元。2008年旅游收入达132亿美元,比2007年增加了3.5%。

墨政府不断加大了对旅游业的投入力度。为拯救受甲型H1N1流感疫情重创的旅游业,政府投资9000万美元启动了一项名为"墨西哥万岁"的旅游业振兴计划。

第二节　旅游胜地

悠久的历史文化、独特的高原风情和人文景观以及漫长的海岸线，为墨西哥发展旅游业提供了得天独厚的条件，风景名胜遍布全国各地，文物古迹数不胜数。

墨西哥城

墨西哥城是国际旅游名城。自1325年阿兹特克人建立其前身特诺奇拉兰城以来，墨西哥城先后经历了阿兹特克帝国时期、西班牙殖民时期、独立战争时期、专制时期和民主时期等，为城市留下了风格多样的遗迹。阿兹特克的庙宇、宫殿和西班牙式的教堂、宫殿、修道院等建筑，使墨西哥城成为"宫殿都城"；而20世纪初承袭千年印第安传统的现代壁画运动，为墨西哥城赢得了"壁画之都"的美誉，以国立自治大学墙上的巨幅壁画为代表的各种风格强烈的壁画遍布墨西哥城。墨西哥城历史遗迹和人文景点众多，有瓜达卢佩圣母大教堂、三种文化广场和现代艺术博物馆、

【墨西哥经济】

通过能源部门和原材料部门的发展，实现其他制造业的进口替代，建立完整的工业体系，全面实现国家工业现代化。政府为了充分利用丰富的石油资源推动经济的快速发展，对石油工业加大了投资，对石油部门的投资占公共投资和全国总投资的比重，分别从1973年的15.5％和6.1％上升到1980年的30.3％和12.7％，1974年至1980年石油部门的固定投资年均增长20.9％。

墨西哥城博物馆、国家历史博物馆、革命博物馆等众多博物馆和展馆，无不演示着墨西哥城建城600多年来几经变幻的沧桑史。

阿兹特克大神庙遗址 大庙又称特奥卡里大神庙。位于宪法广场附近，是供奉雨神特拉洛克和战神威济洛波奇特利的金字塔形神庙。原庙已被西班牙殖民者拆毁，现仅存金字塔塔基和部分石阶。大庙遗迹是阿兹特克文化最有价值的文物宝库。

大神庙遗址于1978年2月被发现，经过4年半的挖掘，先后发掘并修复了近5000件珍贵的文物。在经过挖掘后的现场上，可以清清楚楚地看到庙上有庙，重叠着7层。每层庙宇都有战、水两神的祭坛，这7层先后建于1330年至1535年。底层是一座孤零零的小庙。第二层的建筑比较完整。在庙宇祭坛供桌上，供奉一座威武的战神雕像。第三层的台阶又陡又

窄。在战神一边靠台阶整整齐齐地躺着8座掌旗官石雕。这些石雕的高度和真人一般。阿兹特克人修建第四层庙宇时，在石雕和台阶间的空隙处填满石泥，以防被上面的建筑物压碎。第五层隐约可见。第六层的规模最大，正面墙上饰有3幅巨大的蛇头浮雕，形象逼真。据说

这里就是阿兹特克先遣队发现伫立在仙人掌上叼着蛇的那只鹰的所在地。大庙的最高一层第七层，也就是西班牙入侵者攻陷特诺奇蒂特兰城后看到的大庙，几乎全被毁坏了。

三种文化广场 位于市中心。广场上有3组不同时代的建筑物：古代的阿兹特克金字塔大祭坛遗址，16、17世纪西班牙殖民者修建的教堂以及20世纪50年代建造的墨西哥外交部大楼。金字塔大祭坛庄严、古朴、神秘；大教堂属于巴罗克建筑风格：豪华、浮夸、雕琢；外交部大厦是现代建筑：高大、挺拔、明亮。这三种建筑代表了三种文化，即古老的阿兹特克文明、西班牙殖民文化与墨西哥现代文明，象征墨西哥丰富多彩的历史文化与兼容并蓄的民族特征。它们共存于一个广场上，因此广场得名为"三种文化广场"。

三种文化广场是墨西哥历史的浓缩。广场上有一座纪念碑，上面的碑文意味深长："1521年8月13日，夸特莫克曾英勇保卫过的特拉特洛尔科陷入埃尔南·科尔特斯手中。这不是失败，也不是胜利，而是一个梅斯蒂索民族痛苦的诞生，这就是今天的墨西哥。"

宪法广场 位于墨西哥城中心，又名中央广场或索卡

洛(Zoealo)广场。宪法广场中央树有巨大的墨西哥国旗，四周则是包括国民宫、最高法院和主教座堂在内的重要建筑。众多身着印第安民族服饰的传统服装摊贩和装扮得绚丽多彩的印第安民俗艺人，是广场上的独特风景。每逢重大节日，宪法广场都会举行盛大集会。

墨西哥主教座堂　位于宪法广场北面，是天主教墨西哥总教区的主教座堂，也是拉丁美洲最大的天主教堂。主教座堂建于1573年至1823年，漫长的修建时间使大教堂包含了古典巴罗克、新古典等多种建筑风格。大主教堂主体由两侧高耸的钟楼和中间宽广的主殿构成，其中钟楼高达67米，主殿宽为110米、长为110米，两座钟楼各高67米。教堂内16座礼拜堂中有14座对公众开放。除了保存在16个礼拜堂中古老的雕像和家具以外，教堂中最引人注目的就是顶上那辉煌艳丽的圣经故事壁画。

国民宫　位于宪法广场东侧，最初为莫特苏马二世所建，西

班牙人到来后,将总督府设在了这座曾经的帝国宫殿中,并将其改建为中庭宽大的宫殿。墨西哥独立后,这里成为总统府所在地。国民宫共有14个庭院,除总统办公处外,这里还设有1家博物馆。但国民宫最为吸引游客的是由墨西哥壁画家狄亚哥·里维拉(Diego Rivera)在1929年至1935年间创作的巨幅历史壁画,壁画满布国民宫中央院的四壁,色彩绚丽张扬,描述了墨西哥的整个历史发展轨迹,其中对羽蛇神、西班牙人柯泰斯和独立战争的描述尤为出色。国民宫也是1810年墨西哥独立钟声响起之地,当年墨西哥独立之父伊达尔戈神甫敲响的独立钟,至今仍保存在国民宫中门的阳台上。

查普尔特佩克森林公园和城堡 位于市中心,早在16世纪,这里就种植了许多树木,成为阿兹特克国王莫克特苏马游乐和打猎的场所。1944年,墨西哥政府将此地辟为公园,占地223公顷,有3个人工湖,并包括植物园、动物园以及闻名拉美的人类学博物馆、自然博物馆、现代艺术博物馆、革命展览馆和科技博物馆等文化设施。园内高大的尖叶落羽杉林绿荫蓊郁,大小湖泊波光粼粼,环境秀丽幽静,有墨城"绿色心脏"之称。是首都人民喜爱的休息地和文化中心。

查普尔特佩克城堡,坐落在查普尔特佩克森林公园东南角。初建于1786年,曾为马克西米利亚诺的皇宫,现在是国立历史博物馆。城堡一侧有6座少年英雄纪念碑,为纪念1847年抗美战争中在此为国捐躯的6位军校学员。

国家人类学博物馆,位于查普尔特佩克公园东北部,是拉美最大的博物馆。占地12万平方米,展厅面积3.3

【墨西哥经济】

　　1977年至1981年这一阶段的经济发展过分依赖石油的现象非常严重,尤其是进口替代过程中的其他工业部门的发展资金,主要来源于石油的出口收入。政府的工业发展计划和农业发展计划以及社会发展目标,也都把资金的来源寄托在石油上。

万平方米。该馆原址是墨西哥大学建立的古特委员会,1964年,经墨西哥著名建筑家佩德罗·拉米雷斯·巴斯克斯重新设计建成新馆。博物馆的基本结构东西长、南北短。该博物馆集古印第安文物之大成,展室共分上下两层。第一层有12个陈列室,系统地介绍了8种印第安文化和墨西哥古代文化的起源及发展。第二层的陈列室展出了印第安人的服饰、房屋式样、生活用具、宗教器皿、乐器、武器等多种文物。

美术宫坐落在墨西哥城胡亚雷斯街和卡德纳斯街的街口,处于旧城和新市区的分界线上。美术宫的前身是19世纪中叶修建的国家剧院。老剧院1901年被拆除。现剧院是一座由洁白的卡拉拉大理石砌成的欧洲式的巨大建筑,由意大利著名建筑师波阿里主持设计,于1934年9月建成。

美术宫由12根大理石圆柱支撑的半圆形门廊,巍峨壮观,气势磅礴。门廊两侧,对称地安放着两组雕刻细腻的妇女塑像。正门中央上端是一组浮雕,代表"和谐"的维纳斯女神正中站立,神态安详;女神左侧是寓意"仇恨"的男子半卧在地,露出痛苦绝望的神态;女神右侧,一对炽恋的情人拥抱在一起,象征"爱情"。宽大的弓形窗框上面,有一群天真无邪的小天使,在欢庆维纳斯女神的诞生。正门顶上,两群象征"音乐"和"灵感"的寓言神像,展翅飞翔,表示文化艺术的不断发展。

美术宫门窗的造型优美典雅,巧夺天工。由意大利和墨西哥艺术家铸造的铁栅栏上的朵朵花冠,既有异国情调,又有民族风格。百合花盛开在葡萄藤的叶子中,栅栏的根根尖头好似一条条在门上爬的"小蛇"。大楼四角,4

【墨西哥经济】

1977年以后,墨西哥为了开发石油和实现庞大的工业发展计划,大量进口机器设备和原材料,商品进口额从1977年的58亿美元猛增至1981年的240亿美元。尽管石油出口使出口额增加很快,但仍赶不上进口的增长,外贸赤字大幅度上升,1977年至1981年外贸赤字累计达164亿美元。

匹巨大的柏伽索飞马铜雕腾空奔驰，象征诗歌和戏剧的无限创作境界。大楼圆顶由彩色玻璃拼成，顶端展翅的雄鹰青铜雕像高达20米。雄鹰周围，4位呈喜怒哀乐神态的妇女分别代表喜剧、悲剧、话剧和抒情剧。整个雕塑形神俱备，生动自然。

演出大厅是美术宫的主要建筑之一。入口处的铁门上饰有印第安人传统的花纹图案或面具浮雕，使人感受到浓厚的印第安人文化气氛。厅内可容纳2000多名观众，整个演出厅设计成漏斗圆锥形，天棚镶板渐渐向舞台拱顶倾斜。天棚镶板中央，用彩色玻璃拼成奥林匹斯山上的阿波罗神形象，在他周围，9位掌管文艺、音乐的缪斯女神丰盈多姿，组成一幅美丽的图案。

舞台的大帷幕更是别具一格。弧形大幕上，深绿的松树和仙人掌及鲜艳的花丛图案，是用100万粒直径为2厘米的玻璃小球缀成的，它显示出墨西哥谷地的秀丽景色。墨西哥艺术家花了一年半的时间，才镶嵌成这幅大幕，它是美术宫中极为珍贵的艺术品。

陈列在各层走廊和大厅里的壁画,是美术宫珍藏的墨西哥民族艺术瑰宝,以精美著称,荟萃了墨西哥现代主要壁画家的杰作。其中最著名的壁画有:里维拉的《人和机器》,奥罗斯科的《卡塔尔西斯》,西凯罗斯的《新民主》以及其他一些价值很高的壁画作品。

瓜达卢佩圣母堂 位于墨西哥城东北部的瓜达卢佩镇,是墨西哥天主教圣地,被罗马教皇认定为天主教三大奇迹教堂之一。瓜达卢佩圣母大教堂是墨西哥人民仅用一年多时间于1976年竣工的一幢现代化宗教建筑,与瓜达卢佩旧教堂相毗邻。新教堂比旧教堂大10倍,建筑面积为2万平方米,可容纳2万人。教堂采用了现代化体育馆所用的圆形建筑结构,远远望去像是一把撑开的蓝色巨伞。"伞面"用漂亮的方形巨柱支撑,底下的外围是能停放1000多辆汽车的停车场。教堂大厅内没有一根柱子,从各个角度都能清楚地看到大理石砌成的大祭台。祭台外观像一个现代化会议厅的主席台。大厅中央悬挂着160盏六角形大吊灯。瓜达卢佩圣母原位就供奉在这里,每天都有大批朝圣者和游客来此朝觐、参观。每年12月12日瓜达卢佩圣母节来临时,信徒要在教堂里举行宗教仪式,还要载歌载舞热烈欢庆。圣母节前后几天,来圣母堂参拜的朝圣者多达数10万人。

【墨西哥经济】

庞大的外贸赤字只能依靠外债来弥补,而利息高昂的中短期外债比重的明显上升,使还本付息成为沉重的负担。巨额外债使得1982年还本付息高达158亿美元,墨西哥出现了外汇枯竭、清偿拮据的严峻形势。

奎库尔科金字塔神庙 在墨西哥城城南,1922年从厚8米的火山熔岩下发掘出来,据测定年代为距今2500多年,是美洲最古老的金字塔。该塔造型奇特,塔身由4个大小不同的截面圆锥体重叠而成,底层直径为135米,上层直径为70米,总高度为20米。塔顶上的神庙仅存片段残迹。

索奇米尔科水上公园 位于墨西哥城的东南郊。这里在古代原是一片沼泽地,后来印第安人在此开挖运河,取泥造田,遂形成浮田区。公园内浮田纵横,河网密布,沿岸草木葱茏,繁花怒放,一派水乡泽国风光。具有"水乡泽国"之称的索奇米尔科于1987年被联合国教科文组织列入世界遗产城市名录,这里保存了大量古老建筑,密集的河道和岛屿展现了阿兹特克人当年的生活风貌。

公园占地面积189公顷,海拔2300米,四季温暖湿润,气候宜人,环境优美。索奇米尔科在古印第安语中意为"播种鲜花的土地"。园内种植了271种花草树木,栖息着多种珍稀禽类及其他生物。公园分为四大区域:禽类保护区、古城花园、古墨城风貌复原区、植物园区。整个生态公园由墨城建筑、历史、文化等领域的数十位专家共同设计,风景秀丽,是旅游、休闲胜地。

其他旅游胜地

特奥蒂瓦坎古城遗址 位于墨西哥城东北40公里处。系古特奥蒂瓦坎人的都城遗址,以雄伟壮观的太阳金字塔和月亮金字塔驰名世界。1987年联合国教科文组织将特奥蒂瓦坎古城作为文化遗产,列入《世界遗产名录》。

全城以贯穿南北的黄泉大道为中轴,依四方网格设计,向外延伸。黄泉大道北端为月亮广场和月亮金字塔,南端是城堡。东侧太阳金字塔巍然屹立。祭司和贵族的宏丽府第分别建立在黄泉大道两旁。

黄泉大道系古代祭献俘虏的必经之路,大路因此而得名。位于黄泉大道东侧的太阳金字塔,约建于公元2世纪,是世界第三大金字塔,也是特奥蒂瓦坎最大的建筑。塔分5层,层层叠起,底边每边长225米,最高处距地面65米,体积约1万立方米。塔的正面有数

百级石阶直通塔顶。古代塔顶上有太阳神庙，是祭司用活人祭祀太阳神的地方，现已不存。每天正午，太阳光芒将金字塔通身照亮，不生阴影；傍晚，太阳正好在它的对面沉没。

黄泉大道北端的月亮金字塔。塔分4层，高45.79米，体积为37.9万立方米，是

【墨西哥经济】

1982年4月，墨西哥爆发了债务危机。在这种情况下，墨西哥政府不得不请求国际金融机构准许延期偿还到期贷款，并要求国际货币基金组织提供紧急援助。

祭祀月亮神的圣殿。月亮金字塔虽规模较小，但建造精细，塔的外壁同样饰有华丽的图画，其200多级台阶每级倾斜角度皆不相同。月亮金字塔南面的蝶鸟宫是全城最华丽的建筑，原系大祭司宅邸。宫内方柱上有蝶翅鸟身浮雕，形象十分生动。城堡呈正方形，每边长440米，内有4座金字塔形神庙，其中以羽蛇神——雨神神庙最为著名，庙基侧壁有许多栩栩如生的羽蛇神及雨神头像。每天夜晚，古城遗址内有声光表演，用灯光、音乐、解说、对话，再现古特奥蒂瓦坎人民的生活和有关神话传说。

瓜纳华托位于瓜纳华托州的西南部。这座始建于1559年的美丽山城，是墨西哥重要的旅游胜地和文化艺术中心。联合国教科文组织在1988年将瓜纳华托城列为世界文化遗产。

瓜纳华托是一座华丽的西班牙式城市，现在的建筑依然保有中世纪时代的西班牙古风，西式乡村民居和中美洲色彩鲜艳的建筑相互交织在城中各处。市内没有现代化建筑，建筑物与街道保持殖民时期古色古香的风貌。城区街道狭窄，小巷幽深，精巧的街心广场星罗棋布，西班牙式和摩尔式的古建筑连绵不断，富有浓郁的安达卢西亚城市韵味。全城有两条东西走向的主要街道，一条是胡亚雷斯街，另一条是波西托斯街。该城的主要景点大部分都在这两条街上。建于1798年的"小石榴"粮行，是独立战争重要历史遗址。1811年，起义军领袖伊达尔戈、阿连德、阿尔达玛和希

门尼斯不幸被俘,殖民当局将他们枭首示众,英雄们的头颅当时就分挂在粮行的四角。这座建筑现为历史博物馆。城内重要古迹还有瓜纳华托圣母大堂、瓜纳华托大学、圣卡耶塔诺教堂、华雷斯剧院、万神庙(现为干尸陈列馆)、吻巷、巴伦西亚古银矿矿址等。

旧日流经市区的瓜纳华托河道已改建成蜿蜒曲折的地下公路,乘车漫游其中,妙趣横生。另一项富有特色的传统活动是瓜纳华托大学的学生乐队,乐队继承了西班牙中古传统。每日夜幕降临,乐队队员肩披斗篷,手执曼陀林和吉他,走街串巷演唱小夜曲,可使游客增添情趣。

1972年起,瓜纳华托城定期举办国际塞万提斯戏剧节,邀请世界各国艺术团体前来表演和观摩。戏剧节期间,城内的剧院、教堂、广场多被用作舞台,盛况空前,从国内外赶来的演员和观众为数甚多。

瓜达拉哈拉市位于哈利斯科州中部,为哈里斯科州首府。始建于1531年,是一座呈鲜明西班牙建筑情调的古老城市,也是著名的旅游城市。

城内街道整齐,雕像林立,庭园密布,花木繁茂,精巧的喷泉与宏丽的楼阁交相辉映。风格与布局洋溢出鲜明的西班牙情调,是墨西哥最美丽的城市之一。瓜达拉哈拉市内分4个区:东北部利伯塔德区是工人住宅区;西北部伊达尔戈区为高级住宅区;西南部华雷斯区是工业区;东南部雷福尔马区,除干道两侧为新工业区外,多为贫民窟。

城内殖民时期众多的建筑大部保存完好,仅古教堂就多达50余座。该城的瓜达拉哈拉大教堂,建于1561年至1618年,集哥特式、文艺复兴式、摩尔

【墨西哥经济】

由于通货膨胀加剧,比索严重高估,特别是墨西哥与主要贸易伙伴美国之间的通货膨胀率差距的扩大,使墨西哥商品在国际市场上缺乏竞争能力。为了改变这种不利状况,墨西哥政府在1982年内实行了比索3次大贬值,并采取了双重汇率。

式、穆旦迦式、陶土干式、科林斯式、拜占庭式7种建筑风格于一体，配合和谐巧妙。堂内的圣器收藏室陈列着西班牙文艺复兴时期大画家穆里略的名画《圣灵怀服》。市政府大厦，建于1643年，是丘里格拉式建筑，门厅墙面装饰多幅壁画，出自"壁画三杰"之一奥罗斯科的手笔。建于1788年的德戈利亚斯剧院，造型与米兰斯卡拉歌剧院相仿，院内金碧辉煌，是瓜达拉哈拉最大的文化中心。圣莫尼卡教堂，已有250多年历史，大片素净的石墙配以两座精雕细镂的巴罗克式门楼，粗犷与秀丽共济，格调高雅。阿兰萨苏小教堂，建于1749年至1752年，建筑外貌古朴典雅，内部祭坛则灿烂华丽，为大主教装饰艺术的精品。

　　普埃布拉市位于普埃布拉州中部，为普埃布拉州首府，是墨西哥中部著名古城。它以殖民时期众多的古迹闻名于世。

　　普埃布拉城面积不大，但建筑宏伟的教堂却有60座之多。许多教堂拥有彩釉瓷砖的圆屋顶，在阳光下熠熠生辉，风采迷人。这些教堂有机地融合了巴罗克式的建筑风格和印第安的艺术特色，

看上去美观大方、别具一格。建筑华美的大教堂，矗立在市中心的广场上。双塔式钟楼并立的天主堂，建于16世纪，教堂内部以大理石铺地，四周围墙饰以木雕，并以金叶镶嵌，门框上下饰以石雕和图案。从顶楼上可俯瞰全城景色以及东北方带有雪冠的火山。关于这座大教堂，在墨西哥还流传着一个动人的传说。据说在建造大教堂之初，不知什么原因，刚砌好的墙壁第二天早上就会倒塌，这样反复多次，致使工程无法继续进行。后来，两位天使闻讯降临，每天晚上守卫着教堂，使工人砌好的墙壁再未倒塌，宏伟的大教堂终于落成。人们为了感谢两位天使，便把普埃布拉称为"天使之城"。普埃布拉的其他教堂也都有自己的特色。圣玛丽亚·德·托南特辛特拉教堂以出自印第安人之手的栩栩如生的雕塑、线条明朗的人物与神像闻名。而弗朗西斯科·德·阿卡特佩克教堂则以印第安人高超的彩绘著称。拉孔帕尼亚教堂更是一座引人注目的耶稣会教堂，教堂内埋葬着一位中国公主，在圣器收藏室里悬挂的一块匾上记载了她曲折的经历。这位少女不幸被海盗劫持到墨西哥，她在这块陌生的土地上生活下来，渐渐和当地人民建立起亲密的友谊。公主心灵手巧，她亲手做的色彩协调、红绿相衬的衣服，深受墨西哥人民的喜爱，从此这种服装便流行开来，成为那里的地方服装。这位少女与墨西哥人民的情谊，成为中墨友好关系史上的一段佳话。现在在普埃布拉城的一条公路上还矗立着这位中国公主的巨型雕像。

普埃布拉城内有座占地宽阔的5月5日广场，广场上矗立着用整块巨石雕成的贝尼托·胡亚雷斯像。广场四周有瓜达卢佩堡和洛雷托堡。1862年5月5日，在这两个古堡坐落的地

【墨西哥经济】

美元与比索的比值由2月的1:22.5降到12月的1:150，1年之内贬值500%。货币兑换率的不稳定更加剧了银行存款美元化和资本外逃。据非官方估计，1981年至1982年两年内外逃资本将近200亿美元。在国内资金奇缺的情况下，大量资本外逃进一步加深了金融危机。

方，华雷斯率领的2 000名战士一举击溃了傀儡皇帝马克西米利亚诺的6000名殖民军。为了纪念这次战役，人们将广场命名为5月5日广场，并在广场上竖立了华雷斯的塑像。

城内还有许多博物馆。圣塔罗萨博物馆收藏有16世纪珍贵的艺术瓷砖，砖上有五彩图案和人像，被称为

【墨西哥经济】

1982年墨西哥经济增长率骤然降到—0.2％，经济严重衰退。除石油、天然气、电力和服务业略有增长外，其他所有经济部门的产值都大幅度下降，其中资本密集型产品和耐用消费品的生产下降11.8％、建筑业下降4.2％、公共和私人投资分别下降12.7％和20％。

塔拉韦拉瓷砖。城东部有建于1790年的美洲最古老的剧院和建于1537年的普埃布拉大学。城南15公里处有一座动物园。

城郊的乔卢拉镇，自古就是墨西哥重要宗教中心，号称"365座教堂之城"，现仍完整保存37座风格多样、造型各异的天主教堂。乔卢拉镇旁的特帕纳帕金字塔是世界上最大的金字塔建筑之一。塔分5次建造，逐次重叠扩建，分属奥尔梅克文化、托尔特克文化、奇奇梅克文化、特奥蒂瓦坎文化和乔卢拉文化。第一次建造

时，塔分5层，高18米，底边为113×107米。第五次建造时，已扩大到9层，高64米，底边各长350米，总体积比号称世界第一的埃及胡夫金字塔大5.9%。塔顶有西班牙人建造的雪梅迪奥斯圣母堂。金字塔内部已开辟8公里长的隧道，供游客观赏不同时期的金字塔结构。

阿卡普尔科 墨西哥南部太平洋沿岸港口，格雷罗州最大城市，位于格雷罗州太平洋岸阿卡普尔科湾畔，与墨西哥城有430公里长的高速公路相连，有"旅游天堂"之称。

阿卡普尔科湾呈半圆形，长6公里，宽3公里，三面群山环抱。城市沿湾而筑，依山傍水，景色迷人。市内建筑以旅馆、饭店为主，现代化高层建筑连绵不断。沿岸有24片海滩。有的滩缓潮平，宜于进行海水浴和日光浴，开展驶帆、滑水撬、驾摩托艇等水上运动；有的波涛汹涌，可供游客观赏渔民搏浪表演。阿卡普尔科演出—会议—展览中心，设备齐全，规模宏大，内设露天剧场、流浪乐队酒吧、迪斯科舞厅、夜总会、剧院、电影厅、饭店、自助餐厅、咖啡馆、商店、会议厅、展览馆，从傍晚至凌晨对旅游者开放。断裂崖伸入海湾，高数十米，每天有"悬崖跳水"表演。断裂崖近旁有著名的"中国船"纪念碑。阿卡普尔科在殖民时期是墨西哥最大港口，菲律宾和中国的商船给当地人民带来了亚洲特产，如中国的丝绸、棉布、食品和陶瓷，并由此港转运到墨西哥其他城市，促进了港口的繁荣。

阿卡普尔科海滩，细沙呈金黄色，风景优美，冬春气候宜人，为国际旅游胜地，每年来此避暑消夏的游客达200多万人次。

坎昆 坐落在金塔纳罗奥州尤卡坦半岛东北角，加勒比海畔，墨西哥新

【墨西哥经济】

庞大的公共开支和货币供应量的增加，使通货膨胀达到了历史的最高峰，1982年竟高达98.8%。"石油繁荣"时期工人增加的大部分工资被通货膨胀抵消，工人实际工资出现下降趋势。这表明，进口替代工业化的发展模式已不能适应变化了的形势。

兴旅游城市。这里原是荆棘丛生的渔村，1972年起辟为度假旅游区。该岛长21公里，最宽处仅400米，面积60平方公里，形状如一条带子。从高空俯瞰，它宛如万顷碧波中游动着的一条水蛇。岛上覆盖着由珊瑚礁风化而成的皑皑白沙，葱郁的树木点缀其间。岛的两端各有大桥与尤卡坦半岛陆地相连。岛与陆地之间形成24平方公里的尼楚德湖，湖中又有若干小岛和半岛，岛外有岛，湖外有岛，湖套湖，湖连湖，隔而不断，是开展滑水、垂钓、驾艇、潜水等水上运动的理想场所。坎昆岛的外侧有20公里长的白沙滩，滩外是碧波万顷的加勒比海，景色十分迷人。

坎昆市区街道清洁整齐，有新建的街心公园、广场、教堂和纪念碑。市区的各行各业都为旅游业服务，风格多样、豪华舒适的旅馆、饭店掩映在繁花绿荫之中，环境恬静优雅。岛的东北角建有现代化的会议中心，许多国际会议在此举行。这里地处热带，全年气温在27℃左右，但早晚海风习习，凉爽宜人。它以绚丽多姿的热带风光吸引众多游客前来度假、休息。

蒙特阿尔班古城遗址　位于墨西哥南部瓦哈卡州瓦哈卡市西南郊。从公元前650年至公元1400年，这里曾是好几个印第安民族的宗教中心，残存的建筑和文物分属奥尔梅克文化、萨波特克文化和米斯特克文化。古城建在2 000米高的平坦山脊上，长1公里，宽约半公里。古城中心为300米长、200米宽的大广场。城内建有神庙、城堡、

宫殿、胶球赛场等建筑物,风格粗犷。舞蹈者神庙是奥尔梅克文化遗迹,历史最为悠久。神庙底座立着一排刻有舞蹈者形象的浮雕石碑,建筑因此而得名。古城博物馆内陈列着当地古坟中出土的大量文物,有金器、银器、玉器、骨器以及壁画残片,都是古印第安艺术珍宝。

塔欣古城遗址 位于韦拉克鲁斯州西北部。1785年,西班牙人路易斯在韦拉克鲁斯州东部墨西哥湾沿岸的热带丛林中,发现了被植物掩盖了500多年的塔欣神殿遗址。后来,考古学家又陆续在这里发现了塔欣古城的其他遗址。建城时间在公元800年至1200年之间。公元13世纪初,埃尔塔欣遭到破坏,后来被遗弃。据考古学家估计,塔欣地区可能存有数百座金字塔,但大部分为野草掩盖。1992年,塔欣古城遗址被联合国教科文组织列入世界遗产名录。

在印第安语中,塔欣是"雷电"或"暴风"之意,塔欣古城可能是玛雅人修建的用来供奉自然神的宗教城市。埃尔塔欣遗址被分成3处,即"小城市"、"大城市",以及被称作"圆柱馆"的神殿金字塔所代表的"塔欣奇克"。"小城市"里,球类游戏场散布在各处,埃尔塔欣在当时是举行盛大球类游戏活动的地方,而这种球类游戏是一种神圣的祭祀仪式。在目前发掘出的17个球场中,最大最美的是"南球场"。城中最著名的建筑是祭祀风雨诸神的壁龛金字塔,它在墨西哥金字塔建筑中独树一帜,塔的底部呈正方形,每边长36米,7层塔身高逾18米,共镶嵌着365个方形壁龛,每个壁龛代表年中一天。每一层还

【墨西哥经济】

1982年,德拉马德里政府上台后,拉开了墨西哥经济改革的序幕,这届政府推行了一系列的经济改革措施,放弃了从前的进口替代工业化内向型的发展模式,转向以市场经济为导向的外向型的发展模式:如缩减政府开支、大大减少进口、增加税收、实行比索贬值、增加出口、削减对基本食品供应的补贴、削减保健和教育服务等。

有向外挑出的檐口,由于光线和阴影的对比,更增加了金字塔的庄严气氛。

帕伦克玛雅城邦遗址 位于恰帕斯州西北部。帕伦克是玛雅文明古典时期最重要的城邦之一。公元600年至800年,这里曾是玛雅繁华古城、重要宗教中心。遗址占地约10平方公里,主要建筑是一座宫殿和5座神庙。宫殿是帕伦克王宫,有4个庭院,宫殿建于庭院四周,迂回曲折的走廊把大量宫室联结在一起。西南庭院中矗立一座4层方塔,室内壁上布满各种人物浮雕。有的房间还存留古代蒸汽浴设备。

碑铭神庙是帕伦克遗址最雄伟的建筑,它是一座金字塔、庙宇、墓葬合一的建筑。碑铭神殿的底基边长65米,连同神殿高21米,675年起动工,683年建成。爬上最后几级阶梯,可以进入碑铭神庙的主厅。后墙嵌着两块灰色大石板,上面镌刻着620个玛雅象形文字,神庙因此而得名。文字排列得

十分整齐,如同棋盘上的一颗颗棋子。这些文字有些看起来像人的脸庞,有些像怪物的面孔,还有一些仿佛是蠢蠢欲动的某种神话怪兽。这两块碑铭到底叙述的是什么,现在还没有人弄清楚,因为它的文字是由图形和音符混合组成,至今犹未被完全破译。

太阳神庙,正面有3扇门的门廊,后部中央为带顶圣殿,两翼各有一侧室。圣殿后壁祭坛雕刻有祭司向象征太阳神的圆盾献祭的图像。拱顶外壁有华丽的灰泥浮雕。

十字神庙,造型与太阳神庙相同。祭坛中央刻有十字图形、怪兽面具和彩咬鹃,两侧各雕有一供奉祭司立像。

枝状十字神庙,造型与太阳神庙相同。石雕祭坛中央是十字图形,十字架上附着有玉米叶和人头形象,顶端为太阳神面形和戴着雨神面具的彩咬鹃。据考古学家分析,枝状十字架可能是玉米的象征。

伯爵神庙,建于3层金字塔形台基上,造型与太阳神庙相似。神庙的门廊、石柱、墙裙及屋脊上均装饰有灰泥浮雕,门廊下部含有3座墓室。1833年前后,探险家弗雷德里克·沃尔德克伯爵曾长期在此居住,神庙因此而得名。

此外,遗址还有胶球赛场,呈“工”字形,两侧各建有高大边墙,每道边墙的中部伸出一对石环或木环。古玛雅球队隔着球场中线对峙,代表对立的天神。队员只能用臀部、膝部或肘部撞击实心胶球。比赛按是否及时还击球及攻入对方石环球数计算得分。玛雅祭司依据球队的胜负来占卜吉凶。

1987年,包括古城在内、占地面积达1772公顷的帕伦克国家公园已被联合国教科文组织列入世界遗产名录。

乌斯马尔玛雅城郊遗址 位于尤卡坦州西南部。是公元600年至900年玛雅文化

【墨西哥经济】
1988年萨利纳斯总统执政,墨西哥政府在扩大国民经济的外向性和减少政府对经济生活的干预方面加大了改革的力度。

鼎盛时期的代表性城市,被称为玛雅古国三大文化中心之一。公元10世纪末,乌斯马尔与奇琴伊察、玛雅潘两城联盟,达到鼎盛时期。1194年,玛雅潘城邦占领乌斯马尔之后,城市逐渐衰落,公元15世纪末被废弃。乌斯马尔是玛雅语,意为"建了三次的地方"。

乌斯马尔古城东西长约600米,南北长约1000米,建筑雄伟而富于变化,体现了古代玛雅人在建筑艺术上的非凡成就。古城重要建筑物都建在一条南北方向的中轴线上,魔术师金字塔、总督府、四方修道院,鸽子宫都是按此布局分布的。

魔术师金字塔包括有5座神殿,它的底面呈椭圆形,长径70米,短径50米,高达26米。塔的边缘呈圆弧状。前后都有石阶一直通往顶端平台。祭司们就在高高的塔顶庙里占卜星象福祸,预测未来。金字塔的建设从公元6世纪开始到公元11世纪结束,融合了各个时期不同风格的建筑艺术。

总督府是乌斯马尔甚至整个尤卡坦半岛最为宏大精美的玛雅建筑。建于高大的基台上,墙面上方亦有蒲克式石雕饰带围绕整个府第。饰带高3米多,总面积达627平方米,计刻有150个羽蛇神面具图案。

四方修道院有气派宏伟的拱门、宽敞的阶梯和中央庭院。庭院四周建有四座宽矮的宫殿式楼房,墙面上镶嵌着很大的蒲克式石雕饰带,它重复使用同一几何图案,彼此连续。

乌斯马尔古城还有鸽子宫、大金字塔、乌龟宫、球场等古建筑。1996年联合国教科文组织将其作为文化遗产,列入世界

【墨西哥经济】

为了扩大经济开放,萨利纳斯政府采取了以下四个方面的重要措施。第一,大幅度降低贸易壁垒,实施贸易自由化。第二,通过修改外资法,进一步放松对外国资本的限制。除石油和少数基础设施部门以外,外资可拥有100%的股权。此外,外资在汇出利润以及抽出资本方面也享有更多的优惠。第三,与美国和加拿大签署了《北美自由贸易协定》(NAFTA)。第四,为了减少国家干预,萨利纳斯政府对国有企业实施了声势浩大的私有化。

文化遗产名录。

奇琴伊察玛雅城郊遗址 位于尤卡坦州中部。是玛雅帝国最大、最繁华的城邦，始建于公元514年，13世纪时突然废弃，原因不明。重要古迹有库库尔坎金字塔，千柱广场要，勇士庙及庙前的斜倚的两神石像，蜗牛观象台，圣井。1988年联合国教科文组织将其列入世界文化遗产名录。

"库库尔坎"是玛雅语"羽蛇风神"的意思。库库尔坎金字塔是奇琴伊察古城中最高大的建筑，占地约3000平方米。它9层叠建，塔顶高达30米。其塔基为四方形，越往上越小，最上层是6米高的羽蛇神坛庙。金字塔四周各有91级台阶通向塔顶平台上的神庙。四坡各有91级石砌台阶。台阶总数加上一个顶层代表一年365天。台阶两侧有宽1米多的边墙。北坡台阶两道边墙下端雕刻着带羽毛的蛇头，刀法细腻，形象逼真。每年春分、秋分两天下午，库库尔坎金字塔出现蛇影奇观。下午3时左右，太阳开始西下，阳光透过阶梯状金字塔的西北棱

角,将光影投射到北坡西边墙上。在游客眼中,边墙从上到下,由笔直变为波浪状,直到蛇头。宛如一条巨蟒从塔顶向大地爬行。5时左右,边墙上的光影变为排成一列的7个等腰三角形,与当地响尾蛇背上三角花纹十分相似。随后蛇头化为阴影,7个等腰三角形由下至上依次消

【墨西哥经济】

经济改革也存在政策上的失误,因而付出了巨大的代价。例如,过度依靠用短期资金来弥补贸易逆差和财政赤字,导致宏观经济的稳定和国民经济的恢复建立在不稳固的基础之上。

失。临近6时,蛇影奇观结束。这一奇观绝非偶然的巧合,而是古代玛雅人巧妙设计和精确计算的产物。

在库库尔坎金字塔的东面有一座宏伟的4层金字塔被称为勇士庙,庙的前面和南面是一大片方形或圆形的石柱,名为"千柱群",这些石柱过去曾支撑着巨大的宫殿。它的入口处是一个用巨大石头雕成的仰卧人形像,古玛雅人称它"恰克莫尔"神像,它的后面是两个张着大嘴的羽蛇神。环绕着这片中心区方圆几公里内还有很多奇琴伊察旧城的石砌建筑,均为同一时代的遗址。

蜗牛观象台是古代玛雅人天文观象台,筑在高台之上。塔呈蜗壳形,内有螺旋楼梯通往塔顶的观察室。室壁开凿不少精密设计的观察孔,沿观察孔的对角线可以观察到春分、秋分落日的半圆,地球南北极的方向,并可计算出星辰的角度。

圣井,是石灰岩竖洞。古代玛雅人每逢雨量不足时,祭司就挑选童女作为祭品,连同珍宝一起投入井中,祈神降雨。考古学家曾从井底挖掘出大量珍宝和少女遗骸。

图伦玛雅城邦遗址位于金塔纳罗奥州加勒比海沿岸,北距坎昆市约130公里,是唯一建在海滨的玛雅古城。图伦古称"萨马",11~16世纪时为繁荣的玛雅城邦。古城东临加勒比海,北、西、南三面有内外两道城墙环绕。城内为市政、

【墨西哥经济】

　　1994年年底墨西哥金融危机爆发。之后的一年多时间里,政府采取了紧急调整措施,在美国政府和国际货币基金组织的大力援助下,墨西哥才走出危机。

宗教建筑荟萃之地,有金字塔城堡、壁画庙、后裔神庙、海神庙、风神庙、祭坛、住房、客店等著名古迹。城外是密集的住宅区遗址。这里也曾是重要的海港和贸易中心,有古老的灯塔为出海船只导航。海岸峭壁上有城楼和瞭望台,可以远眺加勒比海和断崖四周。

　　博南帕克玛雅城邦遗址位于恰帕斯州西部。建于公元6~8世纪。城邦遗址主要以古代遗留的壁画为主要内容。画殿由3间拱顶石室组成。室内墙壁和拱顶上布满色彩鲜艳的壁画。在3间拱顶石筑的殿堂之中绘满了五色缤纷生动形象的壁画。3室壁画各表现战争由始至终的一个侧面,又共同构成战争的全过程。第一室壁画描绘博南帕克贵族商讨作战计划及准备出征的情景。第二室壁画表现博南帕克战士向敌对部落发动进攻,取得胜利和献俘的场面。第三室壁画展现战争结束后,博南帕克人举行盛大祭神仪式、欢庆胜利的景象。这组壁画色彩绚丽,构图巧妙,场面宏大,是世界艺术瑰宝。

第三节　理财达人的致富之道

认清个人和家庭的收支状况,可以清楚地了解手上现有的空闲资金,并针对这一情况进行合理的理财。掌握平时的收支状况需要对个人和家庭的收支作一个透彻的分析,了解收入是如何来的,又是如何花出去的。收支情况能够反映出一段时间内财务的具体情况,根据这一情况,我们可以将实际发生的费用与支出的数据进行对比,从而采取必要的调整措施,消除两者之间的差异。

1.收入情况

个人收入主要指每个月的收入,主要包括工资、奖金、储蓄和投资带来的利息和分红以及其他收入等。其他收入还包括劳务收入(稿费及其他非薪金收入)和房屋出租赚取的费用等。不过作为收入,必须清楚地知道是指在税后的资金收入。

2.个人支出

个人支出主要指每个月的基本生活支出情况,支出可以分为日常开支(吃、穿和水电费等)、固定资产开支(汽车的燃油费、房子的租金、家庭用品与家具的购买和维修等)、备用支出(教育金、养老

【理财密码】

80后需要理财,但是却不能贪财。想要理好财,首先应该做到不贪,即不为小便宜所诱惑;其次要做到不占,即不是自己的东西,再好也不要,不该得的利益不要。

【理财密码】

人是有贪念的，很多人不满足现状，而欲望也会由于外界环境和自身的心理发生改变。人们往往喜欢与别人比较，看到别人的生活状况比自己好的时候，便会产生心理不平衡的情绪，甚至想拥有更多的东西，长此以往，贪念就会越来越重。

金、医疗保险金等）、债务支出（房屋贷款、信用卡透支等）、个人护理支出（化妆品、头发护理、健身等）、娱乐和休闲（聚餐、旅游等）以及缴税等各项支出。

3.个人净资产

个人（家庭）的净资产主要表现为收支的损益，收入和支出的差就是个人（家庭）的财务状况。当差值大于零时，有一定的财富积累；当差值等于零时，表明收支平衡；当差值小于零时，说明入不敷出，需要动用固定资产或者积蓄，如果没有可用的资金就只能借债。

4.控制支出

增加净资产的主要途径是懂得开源节流。

所谓"开源"就是要增加收入的来源和渠道。

所谓"节流"就是要减少盲目消费和不合理消费。

作为80后，在"节流"中，必须要清楚自己"想要"和"需要"购买的东西。对于可以实现而又不是生活必需的，可以控制对其的购买欲望，改变这种盲目、不合理的消费习惯，做到真正意义上的节流。

第七章　墨西哥农业贸易
对中国农业的启示

　　作为 NAFFA 唯一的发展中国家,且农业生产水平与其他成员国存在巨大差别,墨西哥在 NAFFA 期间的农业发展为其他发展中国家开放农业贸易提供了一些经验,也提出了一些值得深思的问题。中国作为世界上最大的发展中国家,在农业贸易自由化的道路上可以从墨西哥的经验中获得诸多的启示。本章根据前面章节的论述,总结墨西哥的经验,进而根据中国的实际情况,提出对中国的启示。

金钱只是一种充当一般等价物的商品

我们平时讲的金钱其实用量化的物表示就是货币。货币是从商品中分离出来充当一般等价物的商品，它具有价值尺度、流通手段、支付手段、贮藏手段、世界货币的职能。通常那些把金钱看成是所有的人，无非是把金钱价值尺度、流通手段、支付手段的职能提到了一定的高度，在市场经济条件下，把金钱强大的购买力看成了追求的一切根源。但是，我们必须明白的一点是，钱只是钱而已，是由每个国家中央银行发行和控制，作为一个国家内充当一般等价物的商品。钱本身是没有价值的，只是在国家的政府控制能力下，我们才赋予了金钱很多推动经济运行的作用。

第一节　墨西哥农业贸易自由化的经验

墨西哥进行农业政策改革15年和执行NAFFA 10年之后，农业部门并未发生预期的根本转变，主要进口农产品生产也没有崩溃。同时，NAFFA实施10年以来，墨西哥的农业生产率没有多大的改善与提高，农业生产结构也没有发生根本的变化。

就本书观察到的情况而言，墨西哥农业在NAFFA期间的经历，证明1987年世界发展报告所提出的"贸易自由化一定会带来资源的大转移"的观点不适用于农业领域，而墨西哥的经验则很好地说明了"贸易自由化的成效取决于国内经济的配套改革"这一观点。

墨西哥农业在NAFFA框架下的发展至少给出以下三条经验。

农产品贸易自由化对农业的冲击小于预期影响

在NAFA生效之前，经济学家们纷纷预测，墨西哥的农业生产结构将会发生重大变化，不具备比较优势的农产品在进口农产品的竞争压力下将会崩溃。但

【墨西哥经济】

在处理危机的过程中，墨西哥政府自1995年起开始了第二次经济改革进程。在指导思想上，墨西哥政府强调国家适度放弃调控，采取循序渐进的改革措施，加大解决社会问题的力度。第二次改革重新界定了国家在经济生活中的作用，更加关注社会发展问题，使国家的调控作用日趋"合理和适度"；实行新的私有化改革，结构改革涉及铁路、港口、机场、电信、石化和电力等非国际贸易部门；建立和完善社会保障制度以解决社会问题，等等。

是，墨西哥的经验表明，NAFFA对墨西哥农业所产生的实际冲击并不如原来预料的那样突出。从上一章的分析中可以看出，墨西哥主要进口农产品的产量和种植面积并未因为进口农产品的冲击而减少，玉米的情况更能说明这一点。

从中短期看，农产品贸易壁垒的削减或取消不会给农产品的国内供给结构带来根本性的变化。主要的原因是，对贸易自由化对农业冲击的分析通常是建立在当时农业政策之上的。这些分析往往没有预计农业贸易自由化可能导致的政策变化，没有认识到这些政策的变化是以往政策改革的延伸。墨西哥农业之所以在NAFFA生效后没有发生结构性的重大调整，在一定程度上是因为NAFFA的执行只是其农业政策变革的一部分。

农业贸易自由化对农业生产者来说，既有赢家也有输家

任何的经济改革和政策变化都会有利益获得者和利益损失者。利益获得和损失可以从三个角度来考察：一是不同行业的生

产者的利益有得有失；二是不同区域的生产者有输有赢；三是不同类型的农户的利益所得不同。这里的利益损失也有两层含义：一是有的行业、生产者或地区受到贸易自由化的负面影响，而遭受经济损失；二是某些行业、生产者或者地区没有获得贸易自由化应该带来的利益，这也是一种损失。就墨西哥参加北美自由贸易区而言，其农业生产者中既有赢家也有输家。谷物类生产者受到了负面的影响，水果和蔬菜生产者则是赢家；总体而言，靠近美国边境的地区的农户所获得的利益要大于中部和南部地区的农户；大农户的利益所得要大于小农户的利益所得。地处边远地区，与市场几乎隔绝的、生产接近自给自足状态的农业生产者没有受到贸易自由化的冲击，福利没有发生大的变化，自然也是贸易自由化的输家。

经济学家们在研究贸易自由化对一个国家的影响时，常常热衷于研究在一般均衡条件下对一个国家经济的影响，而忽视了国家经济发展的非均衡性，农村的市场经济欠发达，忽略了农户半自给自足性，甚至是自给自足的预测模型往往会高估农民对价格的反应灵敏度。即使是在同一地区，生产同一种农作物，不同的生产者受到贸易自由化的影响也是不同的。墨西哥是这方面的一个典型例子。加入了NAFFA的墨西哥，到2000年仍有将近90％生产玉米的农民依旧按照以前的方式和数量生产玉米，墨西哥的农民并没有撂荒成为无地的迁移者，这与某些经济学家的预言正好相反。

如上一章所述，墨西哥农业生产单位规模差异巨大，因此，农业政策的变化和农业贸易的开放对不同的农业生产群体产生不同的影响。大中型农业生产者受到的影响较大，而自主营生的农

【墨西哥经济】

在金融领域，建立了以中央银行为核心的现代金融管理体制，央行成为独立自主的货币政策的决策和管理的机构，使金融体制及其管理体系的关系日趋适应自由市场经济和对外开放的需要。

户受到较少的影响。占农业生产者10％～15％的大型农业生产者,耕种着墨西哥50％的农用地。由于可以获得技术和信贷、进入市场、耕地规模大、拥有成熟的营销渠道等优势,他们可以进行进一步的专业化生产,或者转向有利可图的农作物的生产。他们是农业政策改革和开放的最大受益者。

中型农业生产者占墨西哥农业生产者的45％,耕种20％的土地。他们的生产条件不如大型生产者,特别是获得资金和技术的能力,他们主要是为本地或区域市场生产。农业信贷的萎缩和市场因素妨碍他们转向出口农产品的生产。但是政府的政策主要是针对这一类生产者的,因而,他们可以获得较大的利益。

占农业生产者35％、耕种不到10％土地的营生农户的土地贫瘠、地块小、缺乏灌溉设施,主要是自给自足的生产。他们几乎不生产高价值的农产品。资金的缺乏、较高的交易成本使得他们与农产品市场隔绝。而许多政策却恰恰绕过这些需要帮助的农业生产者。因各种原因,他们仍然继续生产价格和盈利性下降的农产品,而他们原本应该获得新政策的恩惠和贸易自由化的利益。

【墨西哥经济】

墨西哥经济改革的成果是非常显著的,经过近20年的经济结构改革,墨西哥基本上实现了经济发展模式和发展战略的转换,从进口替代工业化内向型经济发展模式转变为以市场经济为导向的外向型发展模式,经济快速增长,1996年至2000年墨西哥经济年均增长率达到5％,是近20年来墨西哥经济发展最快的时期。

国家农业政策对贸易自由化效果的影响

经济理论和贸易自由主义者对贸易自由化结果的预测不会全部都出现,因为他们往往忽略了国内政策变化的因素。事实上,国内政策的作用极大地决定了贸易自由化效果的实现。国内政策改革本身也是基于对预期影响的反应而做出的符合贸易自由化规则的政策变动。墨西哥20世纪80年代中期以来的农业政策改革在很大程度上改变了经济理论所预测的NAFFA对墨西哥农业部门的影响。

国家农业政策对农业贸易自由化的影响表现在两个方面：一方面，国内政策能够减少贸易自由化对农业生产的消极影响；另一方面，国内政策可以放大贸易自由化对农业生产的积极影响。前者表现在国家预计到贸易自由化对农业的负面影响，从而采取符合贸易自由化规则的措施来支持农业发展，使最容易受到冲击的农业部门和农业生产者的损失降到尽可能低。后者则表现为国家取消具有贸易扭曲效果的政策，减少政策对市场资源配置的限制，充分发挥市场的调控作用，使国内的农业资源达到最优化配置。

但是，墨西哥农业的双重性，即在墨西哥的农业生产部门同时存在商业种植户和家庭种植户，使得墨西哥的农业

【墨西哥经济】

　　经济改革理顺了一系列经济关系，经济结构的调整及外向型经济发展战略和发展模式的完善，更加适应生产力发展的需要，进一步推动了墨西哥经济与世界经济的接轨。与此同时，防范和抵御经济危机的能力增强了。

政策没有达到预期的效果。农村住户是家庭生产者，他们的市场交易成本高，因而与市场相对隔离。加上他们主要是为了消费而生产的，其生产不直接受到市场价格变化的影响，其经济活动主要是在农户内部、在同村和邻近的村庄间进行的。因而，受贸易自由化的影响较小。他们的市场(如果可以将他们的内部经济活动称为市场的话)与外面的市场是相对隔绝的，买卖的价格都是由当地的市场供求决定的，不受其他地区市场的影响。

　　墨西哥的政策本来是要保护家庭生产者的，但是这些政策的受益者是必须在市场上有剩余产品出售。他们因为没能在外面的市场上出售剩余农产品，也就享受不了这些政策的恩惠。政府的政策没有惠及这些最需要帮助的农户，他们是农业贸易自由化及相关政策变革的损失者。

　　国内政策在贸易自由化中的作用还表现在，帮助相关部门的生产者适应贸易自由化，迎接贸易自由化的挑战，抓住贸易自由化所带来的机会。墨西哥实施农业贸易自由化的初衷是调整农业结构，优化农业资源配置，但是墨西哥政府并未制定相应的政策帮助农民转向具有比较优势农作物的生产。信贷的缺乏是其中一个严重的问题。相关农业政策的缺位阻碍了贸易自由化理想效果的实现。

第二节　中国农业的特征

　　随着中国过去30年来的改革,家庭成为农业生产微观决策的基本单位。由于中国的资源状况和社会经济环境,中国农业部门呈现出以下特征。

中国农业的产业地位与作用

　　中国是个农业大国,农业在中国的经济发展中占有举足轻重的地位与作用,尽管用各种指标所衡量的农业在国民经济中的产业地位在不断下降。这种变化是符合经济发展规律的。

【墨西哥经济】

2000年以后，国家行动党执政。福克斯和卡尔德龙政府都实行新自由主义的经济模式，保持经济持续增长和对外开放政策的连续性作为经济政策的主要目标，只是在一些具体经济政策上存在差别，而进行劳工改等，对关键部门开放私人投资，照顾中小企业的利益，进行全面的财税改革以及社会保障制度改革是两届政府努力的重点。

1952年，中国农业产值占国内生产总值（GDP）的50.5%，到1978年下降到28.1%。这种变化，一方面是农业本身的发展规律造成的；另一方面是国家优先发展工业，特别是优先发展重工业的经济发展战略导致的。改革开放以来，经济增长在很大程度上通过矫正产业结构扭曲得以推动。

由于中国的改革是从农村开始的，20世纪80年代初期，农业比重有所回升。1982年，农业比重曾一度回升到33.9%。之后，这一比重呈下降趋势，1995年中国的农业比重为20.5%，2000年中国的农业比重下降到16.4%，2005年为12.5%，2006年为11.8%。

1952年，中国农业人口占总人口的比例高达87.5%，这一比例在80年代以前一直停留保持在80%以上。80年代以后，农业人口比重稳步下降，但仍然在较高的水平，2003年这一比重仍然接近60%，为59.5%（《中国统计年鉴》各年数据）。从农业从业劳动力的比重看，中国农业劳动力在社会劳动力中的比重呈明显的下降趋势。1952年农业部门从业人员占社会从业人员的比重为83.5%这一比重在改革开放前一直保持在70%以上。改革开放后，中国农业从业人员比重逐步下降到50%以下，但是比重仍然很高，2000年至2002年均为50%，2005年为44.7%，2006年为42.6%。

第三节　农业对国民经济的贡献

　　在改革开放时期，农村经济对中国经济有两次大的推动：一次是20世纪80年代初农村实行家庭联产承包责任制以后；另一次是80年代后期乡镇企业对国民经济的推动。前一次的推动作用主要来自农业。经济学家通常把农业在经济发展中的作用归结为四个方面：产品贡献、市场贡献、要素贡献和外汇贡献。这四个方面的贡献是农业部门对其他经济部门的贡献，农业本身对经济的增长／发展也有重要的贡献，可称之为增长贡献。在这里，我们仅从农业的外汇贡献来考察农业对经济发展的作用。

　　新中国成立以来的50年，中国对外贸易逆差为20年，顺差有30年，50年总顺差为1118.8亿美元。而50年中，中国农产品贸易均为顺差，顺差总额达1243.8亿美元。20世纪90年代以来，中国对外贸易开始由逆差转为顺差，但农产品贸易顺差仍在贸易顺差中占有较大份额，如1992年中国的农产品贸易顺差为26.2亿美元，占中国贸易顺差的60.4％。即使是2003年，农产品的外汇贡献仍达9.2％。如果将以农产品为原料的纺织产品、食品和轻工产品的贸易顺差考虑在内，那么农产品对国民经济的外汇贡献更大。

> **【墨西哥经济】**
> 　　墨西哥是拉美地区经济发展水平较高的国家之一。根据联合国统计署的数据，2008年墨西哥国内生产总值为10881.3亿美元，全球排名第十五位，在拉美地区排名第二位，仅低于巴西(全球排名第十位)。

农业部门的出口除了创汇贡献之外,出口农产品的经济活动所带动的经济效应对国民经济、社会就业等方面也具有重要的贡献。利用投入产出法,程国强(2004)认为,如果包括农产品出口本身在内,1美元的农产品出口能够产生2.66美元的经济活动;中国农产品具有相对较高的出口乘数,即每1美元农产品出口所额外产生的经济活动(不包括农产品出口额在内)相对较高。2002年,农产品出口乘数为1.66,也就是说,1美元农产品出口能够额外产生1.66美元的经济活动。

农产品出口也带动其他产业的发展。2002年,农产品出口带动了135.98亿美元的食品及饲料加工制造业、16.67亿美元的其他农产品制造业、4.53亿美元的货物运输业、17.74亿美元的商业饮食业和14.24亿美元的非物质生产部门。农产品出口所带动的经济活动中,非农部门所占份额达58.82%(程国强,2004)。

农产品出口不仅带动了农业、食品加工业、其他制造业、运输、商业饮食业和其他服务业等相关部门经济发展,同时,也为这

些部门创造了大量的就业岗位。2002年,农产品出口共创造了4 704.5万个就业岗位,占中国总就业人口73740万人的6.38％。每1万美元的农产品出口,能直接和间接创造近28个就业岗位(程国强,2004)。

农户生产经营分散、土地规模小、机械化程度低

中国农业的最大特点是农户生产经营分散、土地规模小、机械化程度低。自从20世纪70年代末80年代初实行农村家庭联产承包责任制以来,农村的耕地都分包到户。农户对所承包的耕地拥有使用权、转包权和转让权,但是不能出售;耕地的所有权属于村集体。在实践中,家庭联产承包责任制基本上是将农用耕地平均分配给农村住户的。有限的耕地面积和规模庞大的农村人口,导致每户家庭获得的耕地规模小且分散。中国目前大约有2亿户农户,平均耕地面积不足0.65公顷。而且,每一家农户的耕地都是分散的。农民也因此不能获得生产的规模经济。

与公社制度相比,这种土地制度在改革初期对促进农业的生产和发展具有非常积极的作用。随着中国经济的发展,这种土地制度的弊端也逐渐暴露出来。除了某些地方的乡镇和村级领导随意收回耕地、不经村民同意将土地承包给外来投资者、失去耕地的农民得不到应有的补偿等违规行为,以及承包期短等内在因素之外,耕地分配的分散化、农户经营的个体化也不能适应农业现代化的发展。

生产方式

在巨大的人口压力下,几千年来,中国人一直努力开发所有可用的土地资源,包括湿地、山地、盐碱地、河滩与湖

> **【墨西哥经济】**
>
> 2008年墨西哥人均国内生产总值为9 900美元,在拉美地区低于巴哈马、特立尼达和多巴哥、安提瓜和巴布达、圣基茨和尼维斯和智利等国。

畔,用于农作物生产。同样,对地表水和地下水的利用也使用尽一切可能的技术。这导致了许多因农业资源过度使用产生的问题,如地下水枯竭、土地恶化等。可用农业资源的稀缺促使中国农民开发出精耕细作和多轮耕作的生产方式以提高土地生产率。在机械等现代投入品不足的时期,农村劳动力几乎全部用于田间耕作。改革开放以后,农民可以流动到非农领域。由于农业劳动机会成本的增加,现代投入品越来越多地取代劳动力。农业机械总动力和化肥使用量在过去的20年间大幅度增加。

第四节　中国贸易自由化进程

自1978年改革开放以来,中国的对外经济发展迅速。经过30年的发展,中国已经成为一个世界贸易大国。据世界贸易组织公布的统计数据表明,2004年,中国的商品出口总额达5933亿美元,进口额达5612美元,在世界贸易中的排名双双上升到第三位(WTO,2005a)。2004年中国GDP为159878亿元人民币(合19317亿美元),用外贸总额占GDP比例衡量的中国外贸依存度已经接近60%,为59.8%。这些成绩的取得在很大程度上都应该归功于1978年以来中国对外贸和外资体制进行的一系列卓有成效的改革,以及为复关(即恢复中国在关贸总协定中的缔约国地位)和加入WTO所作的贸易政策改革的努力。经过15年的努力,中国终于在2001年如愿以偿地正式加入了世界贸易组织。2002年以来为履行"入世"承诺所作的贸易政策改革与调整对中国贸易的发展也具有相当的推动作用。

中国在加入WTO以后启动了一系列的自由贸易区谈判。2002年11月,中国与东盟国家签订了《中华人民共和国与东南亚国家联盟全面经济合作框架协议》,宣布在10年内建成中国—东盟自由贸易区;2003年6月, 中国中央政府和中国香港特别行政区

【墨西哥经济】

目前,墨西哥还是经济合作与发展组织(OECD)成员,被认为是具有发展前途的新兴工业国家之一。

签署了《内地与香港关于建立更紧密经贸关系的安排》以促进内地和特别行政区经济的共同繁荣与发展,加强双方与其他国家和地区的经贸联系;之后,2003年10月,中央政府又与中国澳门特别行政区签署了类似的协议。

2003年10月,中国与澳大利亚签订《贸易与经济框架》,双方决定进行贸易和经济的全面合作,并尽快就双边自由贸易区进行谈判;2004年5月,中国与新西兰签署了《贸易与经济合作框架》,双方同意开展自由贸易区的可行性研究并尽快进行谈判。中国与新西兰和澳大利亚自由贸易区的谈判分别于2004年11月和2005年5月启动。中国和南部非洲关税同盟于2004年6月宣布启动自由贸易区谈判,中国和海湾合作委员会(Gulf Cooperation Council,GCC)自由贸易区的谈判也于2004年7月启动。

2005年4月,中国和巴基斯坦签订《关于自由贸易协定早

期收获计划的协议》,宣布结束双边自由贸易协定联合可行性研究,启动自由贸易协定谈判;2005年7月,中国—东盟自由贸易区降税计划正式启动。在2004年11月的亚太经合组织(APEC)领导人会议期间,中国和智利宣布启动双边自由贸易区的谈判,并于2005年11月正式签署了自由贸易协定。此外,中国与印度、韩国等国的自由贸易谈判也在进行当中。

中国农业贸易自由化

加入WTO的农业承诺

农业是中国加入WTO谈判的重点领域之一。根据中国加入WTO的议定书,有关农业的承诺主要包括以下几个方面。

(1)关税减让与关税化

中国逐年降低农产品关税,并对农产品关税进行约束。农产品的平均关税水平从2000年的21.3%降到2002年的18.5%,2003年的17.4%,2004年的15.8%,2005年的15.5%,到2008年降到15.1%。多数农产品的关税减让承诺到2004年取消。

中国按照WTO农业协定的要求将农产品非关税壁垒关税化,取消数量限制等非关税措施,在一定的时期内可以对某些农产品实行关税配额管理。中国争取到对小麦、大米、玉米、棉花、豆油、食糖和羊毛等重要农产品实施关税配额管理。在关税配额制度下,配额内关税为1%~10%(食糖为15%~20%),配额外关税为10%~65%。中国承诺加入WTO后取消对农产品的非关税措施,包括配额和许可证制度。取消进口配额和进口许可证的农产品涉及食糖、烤烟、烟草、橡胶和羊毛等,其中橡胶于2004年前

【墨西哥经济】
　　2008年三大产业在墨西哥国内生产总值中所占的比重是农业占3.8%、工业占35.2%、服务业占61%。

取消,其他的在加入时取消。在加入时取消许可证的农产品包括小麦、玉米、稻谷、大米、豆油、花生油、棕榈油和菜籽油等。

(2)国内支持

中国保留在WTO农业协定下对国内支持提供特定支持和非特定支持的权利,两项支持占相关年份特定产品和农业生产总值的8.5%。中国的综合支持量(AMS)为零,特定农产品支持为负数。

(3)出口补贴

中国在1992年就已经取消了农产品出口补贴。在加入WTO时,中国承诺今后不对农产品提供出口补贴。国家和地方所属国营贸易公司按照WTO规定的义务从事经营,各级主管部门不对任何企业提供不符合WTO义务的资金转移或其他利益。

(4)卫生与动植物检疫措施

中国承诺,在加入WTO后的30天内,向WTO通知所有有关卫生与植物卫生措施的法律、法规及其他措施,包括产品范围及相关国际标准、指南和建议。

中国—东盟自由贸易区的农业问题

中国—东盟自由贸易协定涉及农产品的内容主要是《框架协议》第6条所规定的"早期收获"计划。"早期收获"计划涉及的产品主要是农产品。

根据最惠国关税税率,"早期收获"计划所涉及的产品分为三大类:

类别一:对于中国和东盟六国,指实施的最惠国关税税率高于15%的所有产品;对于东盟新成员国,指实施的最惠国关税税率高于30%(含)的所有

【墨西哥经济】

对外贸易在墨西哥经济中具有重要作用。自20世纪80年代初起墨西哥开始实施对外贸易开放政策。1986年正式加入"关贸总协定",墨西哥是世界上签订自由贸易协定较多的国家之一,也是发展中国家中唯一与世界上两个最大贸易集团——北美自由贸易区和欧盟——签订自由贸易协定的国家。

产品。

类别二：对于中国和东盟六国，指实施的最惠国关税税率在5%～15%(含)的所有产品；对于东盟新成员国，指实施的最惠国关税税率在15%(含)～30%(不含)的所有产品。

类别三：对于中国和东盟六国，指实施的最惠国关税税率低于5%的所有产品；对于东盟新成员国，指实施的最惠国关税税率低于15%的所有产品。

按照《框架协议》的规定，"早期收获"计划应不迟于2004年1月1日实施具体时间框架。此外，一些东盟成员国提出了不受"早期收获"计划约束的"例外产品"清单和适用不同关税减让水平的"特定产品"清单，而中国则没有任何"例外产品"和"特定产品"。

中国和巴基斯坦早期收获协议的农业问题

2006年1月1日起实施的《中巴早期收获协议》的实施关税减让的产品分为零关税产品和优惠关税产品两大类。

(1)零关税产品

　　产品范围：①中巴双方将共同实施零关税的农产品，新鲜或冷藏的大蒜、莴苣、豆类、蘑菇等蔬菜或干的杧果、柑橘、菠萝、无花果、鳄梨、番石榴等水果。②中巴将分别实施零关税的产品。中方将单方面对从巴基斯坦进口的虫胶和乙醇等9个8位税号产品实施零关税。巴方将单方面对从中国进口的有机化学品和机械机器产品实施零关税，其中不包括农产品。

　　关税削减模式："早期收获"计划项下所有零关税产品将分为三类，并分别制定降税时间表：

　　产品类别一：对于中国和巴基斯坦，指2005年实施的最惠国关税税率高于15％的所有产品。

　　产品类别二：对于中国和巴基斯坦，指2005年实施的最惠国

关税税率在5％(含)～15％(含)的所有产品。

产品类别三:对于中国和巴基斯坦,指2005年实施的最惠国关税税率低于5％的所有产品。

对中巴2005年实施的最惠国关税税率低于5％的产品,2006年1月1日前降到零。对中巴2005年实施的最惠国关税税率为5％(含)～15％(含)的产品,2006年1月1日前降至5％,2007年1月1日前降到零。对中巴2005年实施的最惠国关税税率高于15％的产品,2006年1月1日前降至10％,2007年1月1日前降到5％,2008年1月1日前降到零。

(2)优惠关税产品

以双方2005年最惠国(MFN)关税税率为基础,分别对部分进口产品实施一定比例的关税优惠,并将这种优惠安排纳入《中巴早期收获协议》之中一并执行。在优惠产品与零关税产品出现相互交叉时,以税率低者为准,实施降税。

按照巴基斯坦海关关税税则,巴基斯坦对中国优惠的农产品共84个8位税号产品,其中75种为水产品,优惠减让幅度为100％;其他为干椰子、椰子油、甘蔗糖蜜和可可豆等,优惠幅度为0.92％～50％。按照中国海关关税税则,中国对巴基斯坦优惠的农产品共涉及HS01、HS02—24、HS41的273个8位税号产品,优惠幅度为6.25％～100％,其中对水产品、水果、蔬菜、茶叶、动物皮革、特殊用途植物和海藻类产品等的优惠幅度大多在30％～50％。

【墨西哥经济】

加入北美自由贸易区以来,墨西哥对外贸易保持快速增长,但多年来一直处于略有逆差的状态。2008年墨西哥对外贸易继续保持增长,但贸易逆差急剧增加。其中进出口贸易总额达5999.4亿美元,比上年增长8.32％,其中,出口额2913.4亿美元,增长7.15％;进口额3086.0亿美元,增长9.45％;贸易逆差172.6亿美元,增加了71.4％。造成贸易逆差剧增的主要原因是国际经济形势恶化加剧以及非石油产品出口的锐减。

中国—智利自由贸易区的农业问题

中国和智利2005年11月签署的自由贸易协定从2006年7月1日开始生效。与中国—东盟自由贸易协定不同的是,它是一个一揽子的自由贸易协定,与北美自由贸易协定相似。在农业问题上,中智自由贸易协定又不像北美自由贸易协定将其单列一章,而是包含于货物贸易,但在第12条专门提及农业补贴的问题。中智自由贸易协定中的农业贸易问题涉及关税削减和农业补贴。

(1)关税削减

对于免除关税削减义务在外的产品,中国和智利的关税减让分为四种形式:一年期、两年期、五年期和十年期。

一年期:进口关税从协定生效之日起完全取消。

两年期:进口关税从协定生效之日起,两年内以均等的速度削减关税税率,从第二年的1月1日起,完全取消关税。

五年期:进口关税从协定生效之日起,五年内以均等的速度

削减关税税率,从第五年的1月1日起,完全取消关税。

十年期:进口关税从协定生效之日起,十年内以均等的速度削减关税税率,从第十年的1月1日起,完全取消关税。

(2)农业出口补贴

中国和智利双方赞同农产品出口补贴的多边取消目标,并努力合作以促成WTO达成取消出口补贴和禁止重新使用任何形式的出口补贴的协议。中国和智利双方都同意不对向对方出口的农产品采用或维持补贴。